D0924864

ORQUÍDEAS

Una guía esencial para el cuidado y el cultivo de estas
increíbles y sofisticadas epifitas

María Julia Freuler

Fotografías exclusivas del Vivero Marcel Lecoufle,
Boissy-Saint-Léger, Francia

ALBATROS
Jardinería Práctica

Edición
Cecilia Repetti

Asistente de edición
Diana Briones

Corrección
Guadalupe Rodríguez

Dirección de arte
María Laura Martínez

Diseño y diagramación
Andrés N. Rodríguez
Gerardo Garcia

Ilustraciones
Andrés N. Rodríguez
Sergio Multedo

Fotografías

En Buenos Aires
Fotógrafa: Verónica Urien
Asistente: Pablo Rincón

En París
Fotógrafa: Verónica Urien

Colaboración de archivo
Alejandro Taborda

Orquídeas
1ra. edición 2da. reimpresión
2500 ejemplares
Impreso en Gráfica Pinter S.A.
México 1352 Cap. Federal
Bs. As., Argentina
Septiembre 2008
ISBN-13: 978-950-24-1123-1

Agradecimientos

Deseo expresar mi más sincero agradecimiento a todas las personas que de una u otra forma estimularon la realización de este libro.

A Editorial Albatros.

Al Sr. Marcel Lecoufle, que permitió fotografiar las orquídeas de su vivero en Boissy-Saint-Léger (París, Francia).

A Verónica Urien, por su excelencia en las tomas fotográficas.

Al Lic. Alejandro Taborda, por su valiosa colaboración. ¡Gracias, Alejandro!

Al Dr. Ramón J. Rodríguez, por su ayuda invalorable en la copia de los trabajos.

A APCOA (Asociación de Productores Comerciantes de Orquídeas Argentinas), su comisión directiva y expositores.

A Expo Ran y todos los expositores.

Al Dr. Roberto Hosokawa y a la Dra. Violeta Hosokawa.

Y a Amalia Cicotti, por permitirme fotografiar sus orquídeas.

A la memoria del Dr. John Christie,
maestro y amigo.

Unas palabras

¡Bienvenidos al mundo de las orquídeas! Son las flores más bellas y enigmáticas del mundo vegetal, ese universo maravilloso al cual es fácil acceder, pero del que no suele haber retorno...

Según Jean-Marie Pelt, estas flores son una "versión vegetal de los trofeos de caza porque han sufrido, al ser raras y bellas, la peor calamidad que puede abatirse sobre un ser vivo: llegar a ser objeto de la codicia humana".

Durante el siglo XIX, la fiebre de las orquídeas engendró matanzas de árboles, bosques desvastados y especies diezmadas, y aún hoy esta cuestión, lamentablemente, es candente y preocupante. Pero a pesar de ello, estas flores siguen coronadas por una aureola de misterio y fascinación.

Al cultivo de orquídeas lo rodea un mito, que si bien es entendible porque son flores diferentes y exóticas, no es real. En la actualidad, las orquídeas han llegado a conquistar un rol protagónico y se han incorporado al hogar, tanto en exteriores como interiores, demostrando que no es difícil cultivarlas, sino sólo distinto.

Para conocerlas y cuidarlas es preciso recorrer un largo camino que deberá ser acompañado por una virtud fundamental: ¡la paciencia! Cultivar orquídeas es un desafío cotidiano, pero el esfuerzo se verá premiado al brindarnos la más sofisticada de las flores.

María Julia Freuler

CAPÍTULO

1

Las orquídeas
y su mundo

Las orquídeas y su mundo

La orquídea es una flor que desde tiempos inmemoriales ha despertado las más inimaginables pasiones en los hombres, pues ninguna familia de plantas tiene una gama de flores tan diferentes y exquisitas.

Historia de las orquídeas

La palabra "orquídea" deriva del griego *orchis* que apareció por vez primera mencionada en un manuscrito del filósofo griego Theophrastus (371-285 a.C.). El nombre significa "testículo" y hace alusión a los seudobulbos de algunas especies y al uso medicinal que se le asignaba a esta flor como afrodisíaca y potenciadora de la fertilidad.

Con el tiempo, la palabra *orchis* pasó a ser *orchidaceae*; término con el que se designó a la familia más numerosa del reino vegetal con aproximadamente 25.000 a 35.000 especies. Theophrastus, que había adquirido los conocimientos botánicos de Aristóteles, dejó en su libro *Estudio sobre las plantas*, un registro de más de quinientas hierbas medicinales, incluyendo las orquídeas. Luego Dioscórides (médico de Nerón) inventarió en su tratado de materia médica, más de seiscientas plantas curativas de diversos géneros y familias de orquídeas. Y en la China, Confucio (551-479 a.C.) exaltaba la belleza y el perfume de estas flores.

Con respecto a la edad geológica de las orquídeas, parece ser que la mayor parte de su evolución ocurrió cuando los continentes se separaron. Todo hace suponer que su existencia en la Tierra tiene entre 40 a 80 millones de años, razón por la cual son consideradas "jóvenes".

Las especies más primitivas fueron terrestres y luego se produjo el "salto" a los árboles. Por ser herbáceas y no contener tejidos duros, prácticamente no llegan a fosilizarse. Los pocos fósiles citados en la historia tienen 2 millones de años.

Al ser una familia joven, aún no tiene forma definitiva y por ello el ser humano puede ser parte de su evolución. Si bien han desaparecido muchas especies del planeta por la acción destructiva del ser humano, no se descarta la aparición de nuevas especies e híbridos naturales.

Los aztecas conocieron, antes de la llegada de los españoles, las propiedades de las orquídeas, en especial, las del género *Vanilla* (vainilla).

Fue el botánico y naturalista sueco Carl Linneo (1707-1778) quien creó un sistema de clasificación binominal (género y especie) en su libro *Sistema Nature* (1735).

En 1840 el profesor de origen inglés John Lindley (1799-1865), padre fundador del estudio taxonómico de orquídeas y figura relevante en el tema por más de cuarenta años, escribió *"Los géneros y especies de las plantas orquidáceas"*.

Asimismo, son dignos de destacar los experimentos de Charles Darwin (1809-1882) con orquídeas, en especial los principios de la polinización, publicados en su libro de los diferentes artificios mediante los cuales las orquídeas son fertilizadas por insectos (1862).

En 1922 Lewis Knudson realizó sus estudios sobre germinación simbiótica *in vitro* sustituyendo las hifas del hongo simbionte por los elementos nutritivos en un sustrato de cultivo químico artificial al cual se agregaba glucosa agar-agar, agua y sales minerales.

A comienzos de 1960, George Morel aplicó los principios de la multiplicación meristemática en las orquídeas del género *Cymbidium*. Esta técnica de clonación de orquídeas fue revolucionaria y como consecuencia llevó al mercado infinidad de especies e híbridos. Con esto se logró la adultez de las plantas en un tiempo más corto y con costos más accesibles.

En lo que nos corresponde, la orquideología en la Argentina comienza en la segunda década del siglo XX. Los primeros pasos sostenidos comienzan a partir de 1970, cuando pioneros como John Christie, la doctora

Maevia Correa (que ya estaba trabajando en estudios a campo desde la década anterior), Egli Labollita, Alejandro Winkler, el doctor Pintos y quien escribe este libro dan la continuidad para que en las décadas subsiguientes, algunas personas, como Roberto y Violeta Hosokawa, Eduardo Flaschland, Rita Franke, Gustavo Ogata, Julio C. Merlo, Octavio Ortiz de Zárate y un sinnúmero de investigadores y aficionados, creen las diversas asociaciones de cultivadores de orquídeas que aún continúan expandiéndose en nuestro país.

Su expansión es tal, que en el siglo XXI se han realizado hasta el presente en la Argentina dos Congresos Nacionales sobre Orquideología y Conservación. Es de esperar que este crecimiento sea beneficioso para todos aquellos que amamos las orquídeas.

Características botánicas de las orquídeas

Dentro del reino vegetal se encuentran las plantas con flor que se dividen en dos grandes grupos: las monocotiledóneas y las dicotiledóneas. Las orquídeas forman parte de las monocotiledóneas, constituyendo una de las familias con mayor número de especies. Existen aproximadamente 25.000 especies que fueron descubiertas, pero aún hay regiones sin relevar fitogeográficamente, varias de ellas en el Continente Americano y, precisamente, en la Argentina.

Su diversidad se ve ampliada dado que por ser un grupo muy joven en la evolución de las plantas presenta gran facilidad para dar híbridos exitosos no sólo entre especies del mismo género, sino también intergenéricas (se estima que hay 30.000 híbridos registrados).

Se considera que un grupo de una determinada población de plantas o animales pertenece a una misma especie cuando comparten una importante característica morfológica; pero a veces el aspecto externo de un individuo se ve afectado por las condiciones ambientales y se puede llegar a pensar que no se trata de una misma especie. Dado que se originaron muchos conflictos sobre esta cuestión, desde hace mucho se ha establecido que dos individuos pertenecen a una misma especie cuando se cruzan entre sí y tienen descendencia fértil.

En el caso de los híbridos, donde se cruzan individuos de un mismo género o de géneros afines (como se da en las orquídeas), las descendencias tendrán características particulares intermedias entre los individuos cruzados. Por varias razones, esto casi no se produce naturalmente sino que se realiza con la mano del ser humano. Así, los resultados se estiman, pero no son ciertos hasta que no se observa la planta nueva en flor.

Phalaenopsis sp. *en Vivero Marcel Lecoufle, Boissy-Saint-Léger, Francia.*

Nomenclatura de las orquídeas

Para nombrar las especies de orquídeas se siguen las normas establecidas por la sistemática en general, donde las especies se mencionan en latín o con nombres latinizados que aluden a su descubridor, al lugar donde se las encontró por primera vez, o a alguna característica en particular.

En cualquier libro, biblioteca, herbario o vivero a donde nos dirijamos para hacer una investigación o consulta, nos ubicaremos con facilidad usando esta nomenclatura.

Primero, debemos tener en cuenta que todas las especies tienen nombre y apellido.

El nombre corresponde al género al que pertenece la especie y se escribe con mayúscula.

El apellido es una característica de esa especie y se escribe con minúscula. Ambas referencias se colocan subrayadas o en bastardilla. Los híbridos tienen una nomenclatura más compleja que veremos más adelante.

Ejemplo

Cattleya maxima

Cattleya: en honor de William Cattley, quien fue el primero en cultivarla.

Maxima: porque su flor tiene 12 cm de diámetro.

Los géneros se agrupan en subtribus; las subtribus en tribus; las tribus en subfamilias; y las subfamilias en la familia *Orchidaceae.*

Cattleya maxima.

Su hábitat

Las orquídeas han colonizado prácticamente todo el planeta, a excepción de los polos, por eso se las puede considerar verdaderas plantas cosmopolitas.

Su hábitat varía de acuerdo con su ubicación geográfica: las plantas de regiones frías son terrestres y vivaces; las de regiones cálidas son en su mayoría epifitas, aunque las hay también terrestres.

Stanhopea jenischiana,
vivero Marcel Lecoufle

CAPÍTULO
2

Morfología de
las orquídeas

Capítulo 2 — Morfología de las orquídeas

La morfología es lo que define a las distintas especies de orquídeas, ya que estos ejemplares del mundo vegetal se dan prácticamente en todas las formas, colores y aromas.

Dos formas básicas

De acuerdo con el eje de crecimiento, las orquídeas suelen clasificarse en plantas monopodiales y simpodiales.

Plantas monopodiales

Las plantas monopodiales tienen crecimiento vertical definido. Esto implica que, como presentan un solo ápice meristemático que es terminal, si este se destruye, se pierde la planta. Estas orquídeas carecen de rizoma.

Vanda coerulea.

Phalaenopsis híbrida.

Plantas simpodiales

En cambio, las plantas simpodiales presentan un crecimiento aparentemente horizontal y no tan prolijo. Hay varios meristemas que se van diferenciando a partir del rizoma o de yemas dormidas que hacen más segura la supervivencia de la planta. Estos meristemas originan los seudobulbos que portan las hojas y la yema floral.

Oncidium varicosum.

Cymbidium *híbrido*.

Diferencias principales entre plantas monopodiales y simpodiales

Planta monopodial	Planta simpodial
Tiene un punto de crecimiento.	Tiene varios puntos de crecimiento.
No presenta seudobulbos.	Presenta seudobulbos.
Crece hacia arriba, vertical.	Crece horizontalmente, formando un rizoma que lleva las yemas de crecimiento, que forman los seudobulbos.
Las hojas nuevas surgen del extremo apical.	Las hojas crecen a partir del seudobulbo.
Las raíces se originan sobre el tallo debajo de las hojas.	Las raíces se originan en el seudobulbo y en el rizoma.
Las raíces se forman de yemas axilares.	Las flores pueden originarse de yemas en los extremos del seudobulbo, en la base de las hojas o en la base de la planta.
Sus hojas suelen ser más gruesas dado que cumplen funciones de fotosíntesis y reserva.	Sus hojas suelen ser más finas dado que su función de reserva la cumple el seudobulbo.
Géneros representativos: *Vanda; Phalaenopsis*.	Géneros representativos: *Cattleya; Oncidium*.

La flor de las orquídeas

Una familia de plantas tan vasta presenta gran diversidad en cuanto a tamaño, aspecto y hábitat. Sin embargo, al observar su flor, no quedarán dudas de que es una orquídea. No importa si tiene unos pocos milímetros o si es sobredimensionada, siempre presentará dos ciclos florales de tres piezas cada uno (característica típica de las monocotiledóneas). Estas piezas florales corresponden a:

- **las externas**: al cáliz, formado por sépalos.

- **las internas**: a la corola, formada por pétalos, uno de ellos totalmente modificado llamado "labelo".

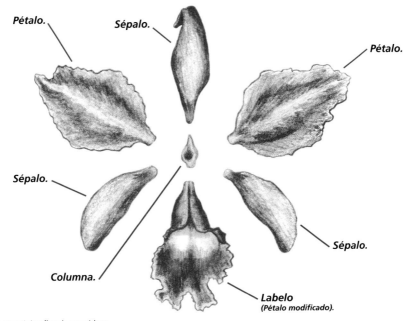

Pétalo. Sépalo. Pétalo. Sépalo. Sépalo. Columna. Labelo (Pétalo modificado).

Partes de una típica flor de orquídeas.

Estructura de la flor

La flor de la orquídea es de simetría bilateral. Es decir que si se traza una línea vertical por la mitad de la misma, las dos partes son iguales o simétricas.

La flor posee tres sépalos y tres pétalos. Uno de los pétalos (el del medio) se halla modificado y por ello recibe el nombre de "labelo". El labelo posee variadas formas y su función es servir de "pista de aterrizaje" para los insectos que visitan la flor. Para que el labelo quede en la posición que se observa en una flor abierta, previamente ha girado sobre su propio eje 180°, movimiento que recibe el nombre de "resupinación".

Estructura de la flor.

Los pétalos y los sépalos no se distinguen, pues, en general, son todos coloreados. Lo mismo ocurre en los lirios, "parientes" cercanos de las orquídeas, por lo que ambas flores pueden confundirse. Sin embargo, si se observan los dos ciclos reproductivos (el femenino llamado "gineceo" y el masculino llamado "androceo") puede verse que ambos están soldados formando una columna. Esta característica es propia de las orquídeas y no se encuentra en ninguna otra flor.

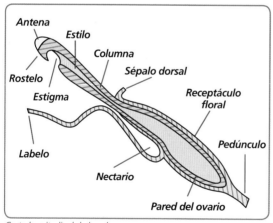

Corte longitudinal de la columna.

Resupinación.

En el corte se observan:

- Las distintas piezas florales y el corte de la columna.

- El ovario alargado que fecundado y maduro dará origen al fruto.

- Una cápsula dehiscente, seguida por el estilo y que termina en el estigma. A diferencia de la mayoría de las plantas, en lugar de estar expuesto para recibir el polen que traslada el viento (polinización anemófila), el estigma está oculto para asegurarse de recibir el polen específico que transporta el insecto específico (polinización entomófila).

- Las antenas, que en lugar de estar expuestas para que el viento lleve su polen, se encuentran soldadas a la columna y constituidas por políneas (agrupaciones de polen) que el insecto llevará consigo luego de visitar la flor.

Toda esta estructura reproductiva está acompañada por el nectario (reservorio de líquido azucarado) que, como dicen algunos botánicos, es la recompensa para los visitantes (insectos polinizadores). En general son hermafroditas, o sea, en la misma flor se presentan los dos sexos, pero algunas especies pueden ser unisexuadas, como las del género *Catasetum*.

Inflorescencias

Las flores de las orquídeas pueden presentarse solitarias, pero es muy común que se agrupen en inflorescencias (conjunto de flores sobre un tallo o raquis). De acuerdo cómo se acomoden las flores sobre este raquis, tiene diferentes denominaciones.

Clasificación según la posición de la flor en el tallo.

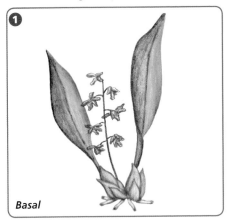

Basal

Oncidium ornithorhynchum.

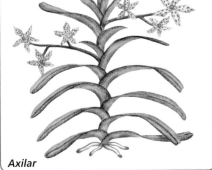

Axilar

Renanthera monachica

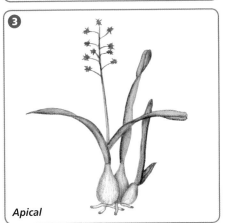

Apical

Schomburgkia crispa.

Clasificación según las inflorescencias.

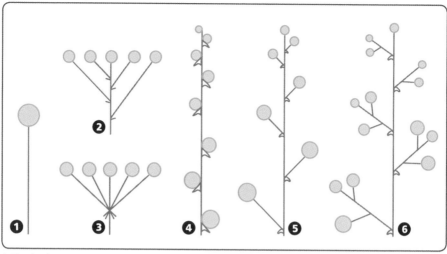

1- Flor simple, 2 - Corimbo, 3 - Umbela, 4 - Espiga, 5 - Racimo y 6 - Panicula.

Rizomas y seudobulbos

Las plantas simpodiales tienen rizoma (tallo modificado), que es en general una parte leñosa. El rizoma tiene nudos y entrenudos, y la distancia entre ellos hace que los seudobulbos se encuentren más o menos apretados. Los rizomas pueden ser: subterráneos o aéreos. Los seudobulbos se originan a partir del rizoma.

Son órganos de reserva de alimento y agua, que la planta utiliza en épocas de sequía y/o reposo. El tamaño y forma son muy variables. Pueden ser fusiformes, elípticos, ovalados, alargados, en forma de caña, etc. También pueden presentarse comprimidos y tener superficie lisa, estriada, rugosa o carenada.

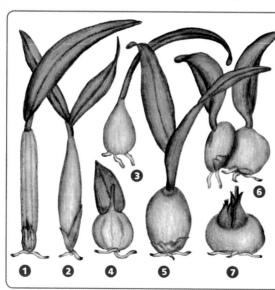

Referencias

1. Cilíndrico: *Brassavola tuberculata.*

2. Fusiformes: *Dendrobium nobile, Epidendrum ibaguense, Cattleya labiata, Laelia purpurata.*

3. Ovoides: *Encyclia stellata, Maxillaria spegazziniana.*

4. Forma globosa: *Cymbidium, Sophronitis cernua.*

5. Elipsoides: *Maxillaria picta, Coelogyne cristata.*

6. Comprimidos bilateralmente: *Oncidium pulvinatum, Miltonia flavescens.*

7. Comprimidos dorso lateralmente: *Warrea warreana, Bletilla atriata.*

El color de los seudobulbos es generalmente verde y similar al de las hojas. Los seudobulbos más jóvenes llevan las hojas, son portadores de yemas auxiliares para originar nuevos puntos de crecimiento. También dan origen a raíces y de su base aparecen en muchos casos las flores. El seudobulbo es una estructura de reserva y resistencia con una gran capacidad meristemática.

Las hojas

Como todas las monocotiledóneas, sus hojas presentan un rasgo en común que es la llamada "nervación paralelinervada". Esto significa que los haces vasculares (nervaduras) que llevan agua a la hoja y los que transportan los productos de la fotosíntesis a otras partes de la planta, corren paralelos entre sí y al eje longitudinal de la lámina de la hoja. En cuanto a la forma de la hoja, puede ser lanceolada, acintada, ovoide, cuasi redonda, etc.

Denominación de los tipos de hojas

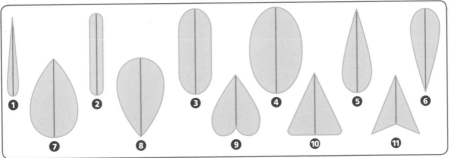

1) *Acicular,* 2) *Linear,* 3) *Oblonga,* 4) *Elíptica,* 5) *Lanceolada,* 6) *Oblolanceolada,* 7) *Ovada,* 8) *Obovada,* 9) *Cordada,* 10) *Triangular.*

Además, la disposición de las hojas puede ser alterna u opuesta. En el caso de las orquídeas simpodiales a veces hay una sola hoja por seudobulbo. La contextura de las hojas varía de tenues a gruesas y carnosas. En varias especies encontramos la hoja terete, cuyo corte transversal es de sección cilíndrica. Un ejemplo de esta hoja es la *Brassavola nodosa.*

Brassavola nodosa.

Las raíces

Las raíces de las orquídeas son bastante particulares, pues están cubiertas por un tejido que actúa como una esponja, llamado "velamen". Este tejido se extiende a lo largo de toda la raíz, a excepción del extremo de crecimiento donde se encuentra el meristema.

Las raíces se ven gruesas apenas emergen del rizoma, seudobulbo o tallo y a veces se ramifican cuando son muy largas. En general su color es blanquecino y verdoso en el ápice, pero se pueden observar también otras variantes.

Existe la frase que dice "cultivar orquídeas es cultivar raíces", y no se puede apreciar esta frase hasta no observar personalmente en las plantas este exótico fenómeno morfológico.

CAPÍTULO
3
Condiciones
para el cultivo
de orquídeas

Capítulo 3

Condiciones para el cultivo de orquídeas

Como las orquídeas se encuentran en casi todo el planeta, ciertos factores ambientales, propios de la ubicación de cada especie, deben reproducirse lo más fielmente posible para obtener la floración.

Reproducir el hábitat

Cuando se adquiere por primera vez una orquídea, suelen surgir preguntas tales como ¿dónde la ubico?, ¿qué hago con ella? Muchas orquídeas, generalmente las más costosas, son difíciles de cultivar. Por eso, antes de comprar una orquídea, es conveniente recabar los datos sobre el origen fitogeográfico de la planta y corroborar si está dentro de nuestras posibilidades crear condiciones similares.

También es probable encontrar como respuesta que se trata de una planta rústica, lo cual significa que las posibilidades de tener éxito en nuestro cultivo son mucho mayores.

Al hablar del éxito en el cultivo no sólo nos referimos al crecimiento vegetativo (tener una linda planta, con su color verde correspondiente, sana, y con buen ritmo de crecimiento), sino también a lograr una buena floración.

La floración se puede lograr teniendo en cuenta qué factores la inducen. Estos factores son generales y específicos.

Temperatura

Cada grupo de orquídeas tiene un rango de temperatura en el cual puede desarrollarse, pero la mayoría no tolera el frío en exceso. Por tal motivo, para cultivar orquídeas en la Argentina hay que plantearse dónde "pasarán el invierno". Según el lugar donde las plantas se ubiquen y el grupo elegido para el cultivo, se les debe ofrecer determinados cuidados.

No tienen que alcanzarlas las heladas ni los vientos muy fríos. Para evitar esto, se puede recurrir a una pequeña área donde guardarlas durante la noche y/o los días muy fríos, pero asegurándonos de que seguirán recibiendo buena luz y ventilación.

Es muy importante en este grupo de plantas la amplitud térmica (diferencia de temperatura entre el día y la noche), pues en su mayoría pertenecen a zonas donde esto se produce naturalmente y a veces esta diferencia es abrupta. La amplitud térmica es muy importante para obtener una buena floración.

Amplitud térmica de algunos géneros		
Géneros	Temperatura mínima noche	Temperatura máxima día
Cymbidium, Oncidium, Sophronitis y Miltonia.	10° C	27° C
Brassavola, Cattleya, Dendrobium y Laelia.	13° C	30° C
Phalaenopsis y Vanda.	15° C	32° C

Para algunas regiones de la Argentina, la amplitud térmica suele ser una complicación porque en verano las noches son calurosas. En estos casos, se puede mojar abundantemente el piso y/o las paredes donde están las orquídeas, o bien recurrir al riego nocturno. También ayuda pulverizar las raíces con una lluvia muy suave. El tratamiento dependerá de las características de la región en la que se realice el cultivo de orquídeas.

Humedad

Cuando hacemos referencia a la humedad, no nos referimos solamente al riego, aunque con el mismo sea posible compensar la falta de humedad.

Las orquídeas, en su mayoría epifitas, con sus raíces expuestas al aire, habitan normalmente ambientes saturados de humedad. Cuando la humedad relativa es elevada, entre 50 y 70%, se producen los siguientes hechos:

A. La planta pierde muy poca agua por transpiración.

B. El velamen de las raíces se hidrata
(como sucede con la sal de cocina en los días de humedad).

Cuando la planta está en su hábitat natural no requiere riegos especiales, pues pierde poca agua y las raíces toman del aire el agua que necesitan. Pero para cultivar orquídeas que no son de la zona, es necesario compensar la falta de humedad con riego.

Es conveniente tener en cuenta una frase muy utilizada por los cultivadores de orquídeas:

> *"Para matar una orquídea por exceso de agua basta una semana. Para matarla por falta de agua se necesitan unos seis meses".*

Por lo tanto se debe obrar con cautela. Si bien no hay un patrón de riego, habrá que establecerlo poco a poco, teniendo en cuenta los puntos detallados en el siguiente cuadro.

Regar más	Regar menos
• Lugares muy iluminados.	• Lugares poco iluminados.
• Temperatura alta.	• Temperatura baja.
• Humedad baja.	• Humedad alta.
• Corriente de aire fuerte.	• Corriente de aire leve.
• Planta cultivada en canastos.	• Planta cultivada en maceta.
• Maceta pequeña.	• Maceta grande.
• Maceta porosa (tipo de barro).	• Maceta no porosa (tipo plástico).
• Planta en activo crecimiento.	• Planta en período de reposo.

Para muchas plantas se recomienda la consigna seco-mojado. Esto significa que antes de agregar agua nuevamente, las raíces deben secarse. Esta ley es amplia, pero no general (más adelante se especificará para cada grupo).

Iluminación

La luz tiene mucha importancia y al respecto se deben tener en cuenta dos puntos fundamentales:

1. Intensidad de la luz

Para saber qué intensidad de luz necesita la planta se debe estudiar su follaje, es decir, sus hojas.

- Las hojas de lámina más expandida y tonos de verde oscuro son características de plantas umbrófilas (adaptadas a zonas oscuras, sombreadas).

- Las hojas más angostas y de tonos verde claro pertenecen a plantas heliófilas (adaptadas a la luz del sol).

Cómo y con qué agua regar

Es conveniente usar agua de lluvia siempre que se pueda. Pero si no se dispone de agua de lluvia, se debe dejar el agua de la canilla en un balde aproximadamente catorce horas para que se evapore el cloro.

Se debe tener cuidado para que al regar no quede agua en las axilas de las hojas en las plantas de crecimiento monopodial (Phalaenopsis) porque llevan el meristema terminal que se pudre. También hay que cuidar que no se produzcan estancamientos de agua en el ambiente de cultivo, dado que facilitan el desarrollo de hongos y el crecimiento de las babosas (enemigas de las orquídeas).

2. Cantidad de luz

Para saber cuántas horas de luz necesita una orquídea, se debe conocer su lugar de origen y la cantidad de horas luz que allí recibe, lapso que se conoce como "fotoperíodo". El fotoperíodo correcto es, en muchas plantas, un factor decisivo para lograr la floración. Tanto la intensidad de la luz como las horas de iluminación son sencillas de regular: la falta se soluciona con iluminación artificial y el exceso (sobre todo la intensidad), se regula con el uso de media sombra y con sombra natural.

Es conveniente que, al organizar la zona para el cultivo de orquídeas, se elija la cercanía de un árbol, en lo posible caducifolio (que pierde las hojas en invierno), pues asegura la luz necesaria en invierno y la sombra adecuada en verano. La copa de los árboles, además, presenta una humedad relativa elevada naturalmente, dado que las hojas pierden agua en estado de vapor por la transpiración. Se establece así un microclima que favorece a las orquídeas.

Ventilación

Un ambiente cerrado y poco aireado es un factor negativo para el desarrollo de la planta y la flor. La ventilación es fundamental, en particular cuando se cultivan las orquídeas en el interior de la casa o en invernadero, pues de no producirse una buena renovación del aire, se ve aumentada la posibilidad de que se desarrollen enfermedades (hongos, bacterias, etc.). Las orquídeas necesitan aire bien puro. Se debe tener en cuenta, sin embargo, que una mayor ventilación hará que las orquídeas requieran más agua en cada oportunidad, o más frecuencia en el riego.

Recomendaciones sobre la luz

- *No permitir que las plantas se expongan al sol del mediodía o de la tarde temprana. En general no deben recibir sol directo en verano.*
- *En aquellas plantas que se recomienda sombra no se debe exagerar; la planta necesita hacer fotosíntesis para crecer y desarrollarse.*
- *Los cambios en los colores de las hojas indican si la intensidad de la luz es adecuada.*
- *El exceso de luz provoca que las hojas sean de un verde muy claro, también pueden aparecer unos pigmentos accesorios y las plantas se tornan rojizas o amarronadas.*
- *Las orquídeas de follaje vistoso y/o de colores particulares* (Ludisia discolor) *cultivadas con baja intensidad de luz, sufren una reducción de los pigmentos accesorios.*

Ludisia discolor.

Medios y soportes para el cultivo

Las orquídeas pueden cultivarse en las clásicas macetas o en canastos, utilizando un sustrato adecuadamente aireado. Las especies epifitas crecen con las raíces expuestas al aire. Por eso, si se recurre al uso de macetas o canastos, el medio debe ser ligero, con buena capacidad para retener la humedad, pero con muy buen drenaje. No se utiliza tierra, sino una mezcla adecuada para el grupo que se haya elegido para cultivar. Para las personas que se inician en el cultivo de las orquídeas es conveniente adquirir en los viveros las mezclas ya preparadas. Después, con el tiempo y la experiencia, podrán decidir qué es mejor o más adecuado para tal o cual planta.

Medios de cultivo

Los componentes más usuales en las mezclas para sustrato de orquídeas son:

- *Carbón vegetal (no usar tipo "briquetas").*
- *Corteza de árbol (no utilizar de plantas con resina como los pinos).*
- *Arcilla expandida (leca).*
- *Musgo Sphagnum.*
- *Grava y perlita.*
- *Helecho arborescente (plantas en peligro de extinción, son caras).*

Es importante que el tamaño de las partículas del medio sea parejo: pequeñas cuando la planta tiene raíces, más delgadas y grandes cuando las raíces son gruesas.

Si mezclamos tamaños muy distintos, las partículas pequeñas se acomodan entre los espacios de las partículas grandes, con lo cual no tendrá el grado necesario de drenaje.

Los medios se agotan, pues en general contienen componentes orgánicos que de una forma u otra interactúan con los fertilizantes. En esta interacción, los componentes orgánicos se cargan de iones que pueden ser tóxicos para la planta. También se van deteriorando y se apelmazan. Cuando el medio se agota, es necesario renovarlo; es probable que junto con la renovación del medio sea necesario hacer un cambio de maceta o canasto. Estos cambios no se hacen en cualquier momento, hay que repasar las características del grupo de orquídeas al que pertenece el cultivo.

Los medios deben esterilizarse antes de ser usados, porque pueden arrastrar una contaminación que haga fracasar el transplante.

Para obtener una buena esterilización lo más fácil y accesible es el vapor de agua. Se puede recurrir a una olla a presión, a una vaporiera o simplemente usar una cacerola común, de tamaño grande, procediendo de la siguiente manera: llenarla con agua hasta la mitad, colocar dentro un colador metálico sin que toque el agua y dentro del colador el medio; dejar expuesto al vapor por lo menos media hora.

Medios de cultivo.

Medios de cultivo.

Recipientes

Existe una gran variedad de recipientes que pueden ser útiles para cultivar orquídeas. El siguiente cuadro detalla ventajas y desventajas de los recipientes de plástico y de barro.

Ventajas y desventajas de los distintos recipientes		
Recipiente	**Ventajas**	**Desventajas**
Macetas de plástico	Son livianas, económicas, no interactúan con el medio (no se cargan de sales).	No tienes buena ventilación y si no funciona bien el drenaje, se muere la planta en corto tiempo.
Macetas de barro	Tienen buena ventilación (algunas tienen orificios en los costados).	Con el tiempo, las sales de los fertilizantes se acumulan en sus paredes y pueden dañar a la planta.

Siempre que se vaya a efectuar el trasplante, además de esterilizar el medio, se debe lavar y esterilizar la maceta. Esto se puede realizar con alcohol al 70% (siete partes de alcohol y tres de agua).

También se pueden cultivar las plantas en canastos, que se construyen con maderas cruzadas unidas por clavos y alambres. Los mejores son de madera dura (tipo lapacho) y los hay más y menos estéticos. En los canastos se utiliza un medio con partículas más grandes, pues de lo contrario pueden filtrarse por las ranuras. También puede fabricarse una bolsita con media sombra en la cual colocar el sustrato.

Hay grupos que definitivamente no toleran las macetas, como por ejemplo los *Oncidium*. Para ellos se deberá imitar a la naturaleza lo mejor posible y recurrir a placas de corcho, trozos de corteza, ramitas de árboles (son muy recomendables las ramas de los cítricos). También podrían utilizarse las placas Xaxim (tronco de un helecho arborescente que está en peligro de extinción). Cuando se colocan las plantas sobre estos soportes, es conveniente acompañar las raíces con un poco de *Sphagnum*. De esta forma retendrá mejor la humedad y los nutrientes. Los soportes también deber ser esterilizados.

Variedad de recipientes. Expo Ran (Palacio Raggio).

Fertilización

Los nutrientes se dividen en dos grandes grupos: macronutrientes y micronutrientes. Ambos grupos tienen la misma importancia y hacen al balance del desarrollo de las plantas. La diferencia entre unos y otros radica en las cantidades que de cada uno se necesitan.

Macronutrientes

Los macronutrientes son: el oxígeno (O), el carbono (C), el hidrógeno (H), el nitrógeno (N), el fósforo (P) y el potasio (K). Las plantas toman el oxígeno y el carbono del aire; el hidrógeno del agua; y el nitrógeno, el fósforo y el potasio del suelo.

Micronutrientes

Los micronutrientes son metales que las orquídeas absorben del suelo. Entre ellos se encuentran el hierro (Fe), el molibdeno (Mo), el magnesio (Mg), el manganeso (Mn), el cobalto (Co) y el cobre (Cu). En el caso de las orquídeas en su mayoría epifitas, toman estos elementos de la materia que queda atrapada entre sus raíces, la corteza del árbol sobre la que se apoyan, o de musgos y helechos que crecen acompañándolas.

Tipos de fertilizantes

En general es posible encontrar en los comercios especializados dos grupos de fertilizantes: orgánicos e inorgánicos.

Fertilizantes orgánicos

Los fertilizantes orgánicos están hechos sobre la base de harina de hueso, de carne y de soja. Para los principiantes se recomienda adquirir los preparados en viveros especializados, en lugar de intentar realizar las mezclas por su cuenta. La principal ventaja de estos fertilizantes es que se evita el riesgo de quemar la planta por exceso de sales.

Fertilizantes inorgánicos

Los fertilizantes inorgánicos se compran en los viveros. Hay fertilizantes especializados para orquídeas, pero se puede usar cualquiera de los que están disponibles en plaza. Estos fertilizantes tienen una denominación especial que es necesario tener en cuenta.

Se los identifica por tres números que corresponden a las proporciones de N, P y K nitrógeno, fósforo, potasio), en ese orden. Por ejemplo:

- 20 20 20 ó 10 10 10. Son fertilizantes de equilibrio, se pueden aplicar durante todo el año.

- 30 10 10. Son fertilizantes para el desarrollo vegetativo, se aplican cuando las plantas están en activo crecimiento.

- 10 30 20. Inducen a la floración, se aplican durante los dos a tres meses anteriores al tiempo estimado para la floración.

Recomendaciones para fertilizar

La aplicación de uno u otro fertilizante se desarrollará en cada grupo de plantas en particular y según las distintas escuelas, pero se deben tener en cuenta algunos puntos fundamentales:

- *Antes de aplicar los fertilizantes inorgánicos se debe regar abundantemente.*

- *Fertilizar cada quince días.*

- *No fertilizar durante la floración, es mejor fallar por defecto que por exceso.*

- *No mezclar productos ni remedios entre sí; ni remedios con fertilizantes. Dos productos inocuos por separado pueden ser tóxicos cuando se juntan, ya sea en el envase o en la planta, por aplicarlos uno sobre el otro sin separación en el tiempo.*

Frecuencia y diluciones para fertilizar

A continuación, se detallan las distintas frecuencias de fertilización que dependen de la época del año y de la edad de la planta, y las medidas a utilizar, es decir las diluciones.

Según la época del año:	*Según la edad de la planta:*
- Otoño / invierno: una vez por mes.	- Etapa juvenil (orquídeas pequeñas hasta 5 años): fertilizante 30 10 10.
- Primavera / verano: cada quince días.	- Etapa adulta (orquídeas de más de 5 años): desarrollo 20 20 20; si está plantada en corteza o tronco: 30 10 10; durante la floración: 5 15 10 ó 10 20 10.

Fertilizantes orgánicos con microorganismos

Se trata de sustancias orgánicas tratadas con microorganismos que se hallan disponibles en el suelo, como por ejemplo bacterias productoras de ácido láctico, fotosintéticas, levaduras, actinomicetes, y hongos filamentosos. Estos fertilizantes inhiben por competencia las bacterias y hongos patógenos de las orquídeas y entran en su ciclo biológico facilitando la transformación de los nutrientes disponibles y cediéndolos a las raíces en forma de compuestos inorgánicos. No son incompatibles con el uso de fertilizantes inorgánicos, y no presentan riesgo por sobredosis. Deben ser utilizados una vez al mes.

CAPÍTULO

4

Multiplicación de
las orquídeas

Capítulo 4 Multiplicación de las orquídeas

El mundo de las plantas presenta una versatilidad que muchas veces supera ampliamente la imaginación y esto hace posible que adquieran plasticidad tanto para adaptarse a nuevos ambientes como para permanecer en la comunidad.

Reproducción sexual

La reproducción sexual le brinda a las plantas la ventaja de la variabilidad; la reproducción asexual les otorga la ventaja de conservar invariables características exitosas para su subsistencia y desarrollo.

La polinización (llegada del polen al estigma) se produce con la visita a la flor de insectos y pájaros en busca del néctar. La disposición del labelo y la columna hace que el visitante deje el polen (políneas) en el rostelo (modificación parcial del estigma) y al partir arrastre las políneas de esa flor hacia otra. La acción de pájaros e insectos puede hacerse manualmente, como se practica en la producción comercial de vainilla, o para la obtención de híbridos artificiales.

El ovario, poco maduro en muchos casos, la formación de un rudimentario tejido de reserva o su ausencia total, hace que la fecundación en las orquídeas y posterior formación de frutos y semillas sea diferente de la de otras plantas con flor que siguen patrones bastante regulares. El ahorro de energía es sumamente significativo, a veces el ovario no madura hasta que la fecundación ocurre y si no hay fecundación no madura. Las semillas en extremo pequeñas tienen un embrión de pocas células y casi carentes de sustancias de reserva. El fruto, en general una cápsula con dehiscencia longitudinal incompleta, puede contener millones de semillas del tamaño de las partículas de polvo facial.

La probabilidad de éxito en la germinación de las semillas (en la naturaleza) es muy baja y está compensado con un gran número de simientes (3 millones, aproximadamente). La germinación de una semilla de tan pequeñas dimensiones depende de encontrar el lugar adecuado de humedad, luz, soporte y la presencia del hongo con el que debe establecer la "simbiosis" para poder abastecerse de alimentos.

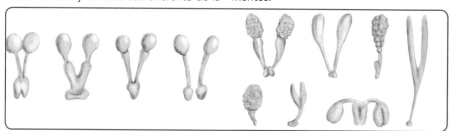

Formas de las políneas (agrupación de polen).

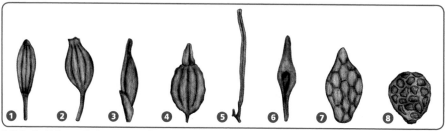

1, 2, 3, 4 y 5: Frutos. // 6, 7 y 8: Semillas.

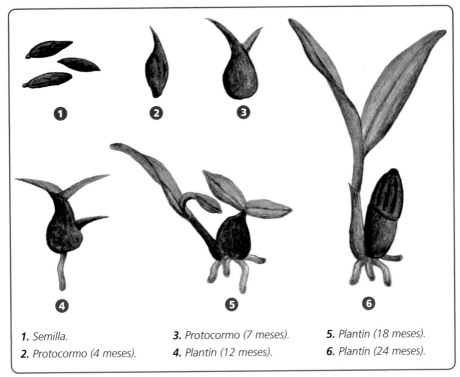

1. Semilla.
2. Protocormo (4 meses).
3. Protocormo (7 meses).
4. Plantín (12 meses).
5. Plantín (18 meses).
6. Plantín (24 meses).

Estadios de crecimiento en orquídeas.

Los híbridos

Las orquídeas, que según las teorías actuales son un grupo joven dentro de la diversificación vegetal, presentan una característica muy particular: géneros emparentados (y a veces no tan emparentados) puedan cruzarse entre sí (particularmente usando la fecundación artificial), produciendo simientes viables llamadas "híbridos".

La producción de híbridos ha aumentado en gran número la diversificación en este exótico grupo, a tal punto que existe un ente mundial para registrar los híbridos producidos y establecer una nomenclatura para denominarlos. La cruza intergenérica, para que sea exitosa, requiere de un estudio previo de características y compatibilidades.

Los híbridos se dan en la naturaleza, en general, por problemas temporarios (las dos plantas tienen sus flores maduras en distinta temporada), por problemas morfológicos, por problemas de respuesta visual o de olfato de los agentes polinizantes o por diferencias de compatibilidad genérica.

Los híbridos se denominan sobre la base de las especies o géneros emparentados.

• Cuando se cruzan dos especies distintas de géneros relacionados se requiere un nuevo nombre genérico por combinación de los parentales.

Por ejemplo: **Cattleya *mossiae* x Laelia *purpurata***

Se combinan dos géneros.. **Laeliocattleya**

Seguido de un nombre de fantasía no latinizado............................... **Canhamiana**

Que se resume como... **Lc. canhamiana**

(Lc: L por *Laelia* y c por *Cattleya*)

• Cuando se cruza un híbrido intergenérico con otro género o híbrido intragenérico.

Brassavola fragans x Lc. Trick or Treat.

Por ejemplo: ***Laeliocattleya x Brassavola***

Se combinan los tres nombres.. ***Brassolaeliocattleya***

Se abrevia ....***Blc***

• Cuando se forman híbridos en los que se cruzan varios géneros, se recurre a un nombre nuevo para que sea más simple. Este nuevo nombre debe terminar en "ara".

Potinara Rebecca Meckel.

Por ejemplo: ***Brassavola x Laelia x Cattleya x Sophronitis***

Se denomina.. ***Potinara***

Se inserta una "x" indicado que es resultado de cruces.............................. ***x Potinara***

Simbiosis en las orquídeas

La simbiosis se da cuando dos organismos establecen una relación de mutuo beneficio. Como ejemplo se pueden citar a los líquenes (donde se asocia un alga y un hongo) y a las orquídeas (donde se asocian las raíces de estas plantas con las hifas de un hongo).

Las asociaciones simbióticas generalmente son muy específicas. La presencia del hongo es constante y no se da el desarrollo de la simiente si no se asocia a la brevedad con el hongo correspondiente. Pero esto no es tan sencillo, la relación entre la planta y el hongo que le asegura al embrión en germinación los nutrientes necesarios es corta y temporal. La planta adulta tiene una relación adaptativa con el hongo, como asimismo una evolucion paralela con su agente polinizante

Fecundación asimbiótica

La dificultad que presentan las semillas para germinar sin la asistencia del hongo hace que la probabilidad de observar el éxito de los entrecruzamientos sea muy baja, pero desde hace varios años Lewis Knudson desarrolló un medio de cultivo en el cual las semillas germinan sin la necesidad de establecerse la simbiosis.

Este medio contiene: sales minerales; micronutrientes; sacarosa (azúcar); agar-agar.

Utilizando este medio es posible hacer germinar las semillas con un éxito de 90%. Además, las plántulas crecen en un medio axénico (libre de toda contaminación). Si bien esta técnica parece sencilla, requiere de todos los cuidados del cultivo en condiciones de esterilidad. Esto exige proveer de un lugar libre de hongos y bacterias donde trabajar y métodos para esterilizar todos los materiales y medios de cultivo que se utilicen.

Cuando las pequeñas plantas tienen hojas de más de un centímetro y raíces, se pasan a un pote comunitario donde se establece rápidamente la simbiosis si el hongo está presente en el medio. Así, las posibilidades de éxito aumentan mucho, pudiéndose disponer de gran cantidad de plantas en corto tiempo, comparado con los tiempos que se necesitaban antes de la creación del preparado de Knudson.

Reproducción asexual

Los vegetales presentan en su mayoría la posibilidad de reproducirse asexualmente. Este tipo de reproducción quizá sea practicada sin tener conciencia de ello.

Este procedimiento proporciona dos valiosas ventajas: obtener una planta igual a la planta madre, y hacerlo rápidamente (mucho más rápido que si se parte de una semilla). Las plantas tienen este tipo de reproducción como una característica que las diferencia de los animales.

La reproducción vegetativa tiene un gran número de estrategias que dependerán del grupo, y a continuación se abordarán algunas de las formas que se dan en las orquídeas

Reproducción por división de matas en las plantas simpodiales

Este es un método que se practica fácilmente en plantas de crecimiento simpodial, como por ejemplo en una *Cattleya*.

Cattleya aclandiae.

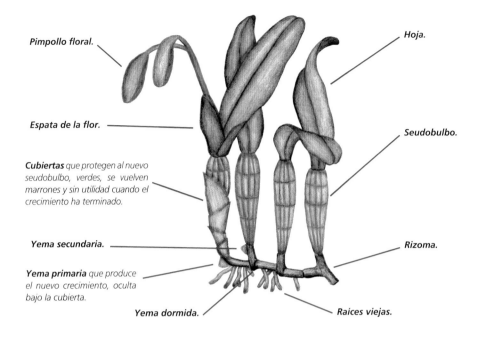

Pimpollo floral.

Espata de la flor.

Cubiertas que protegen al nuevo seudobulbo, verdes, se vuelven marrones y sin utilidad cuando el crecimiento ha terminado.

Yema secundaria.

Yema primaria que produce el nuevo crecimiento, oculta bajo la cubierta.

Yema dormida.

Hoja.

Seudobulbo.

Rizoma.

Raíces viejas.

¿Cómo hacer la división?	¿Cuándo hacerla?	¿Por dónde practicar la división?
Se dividen los seudobulbos y se plantan por separado.	Después de la floración (se debe tener en cuenta que las nuevas plantas no tengan menos de tres o cuatro seudobulbos, ya que sino se tendrá que esperar mucho tiempo para verlos florecer).	La forma de la planta no deja lugar a equivocaciones: hay que observarla y ver cómo se van distanciando los grupos de seudobulbos, y en ese lugar cortar.

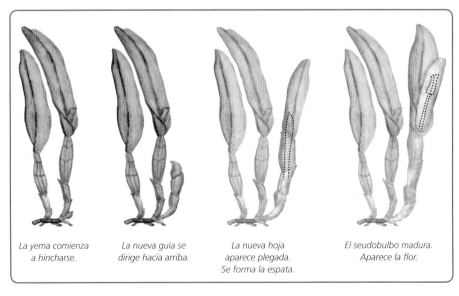

La yema comienza a hincharse.

La nueva guía se dirige hacia arriba.

La nueva hoja aparece plegada. Se forma la espata.

El seudobulbo madura. Aparece la flor.

No es obligatorio dividir las plantas; todo depende del espacio que se dispone y del gusto personal respecto del tamaño de las plantas.

Reproducción por división de plantas en las monopodiales

Este proceso de corte sólo se puede practicar en plantas con varios años de crecimiento y se utiliza en *Phalaenopsis*, *Vandas* y afines.

Esquema de la división en orquídeas monopodiales

En Phalaenopsis

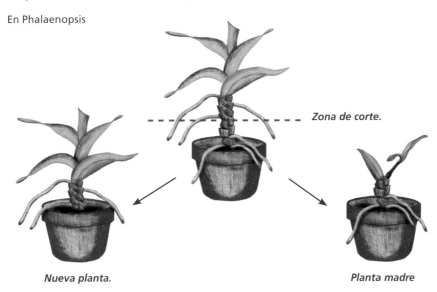

Zona de corte.

Nueva planta.

Planta madre

Vanda lamellata

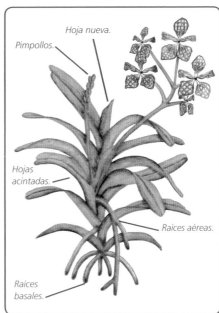

Vanda coerulea.

La planta debe tener entre siete y ocho entrenudos y por lo menos tres raíces por encima de la zona donde se practicará el corte.

El corte tiene que ser plano y hacerse con un bisturí o similar en buen estado y esterilizado con alcohol. La parte superior se planta convenientemente. A la planta madre se la puede ayudar a dar una nueva yema apical con hormonas y protegiendo el corte de infecciones con algún cicatrizante.

Ambas plantas requieren de cuidados preferenciales en esta etapa.

Reproducción por keikis en plantas monopodiales y simpodiales

Algunas plantas emiten yemas fuera de la zona normal que generan un pequeño individuo llamado "keiki".

Este tipo de reproducción se da con más frecuencia en los grupos más evolucionados dentro de las orquídeas. También ocurre cuando las condiciones no son óptimas para la producción de flores o cuando las plantas son de zonas donde las semillas tienen dificultad en germinar exitosamente.

Los keikis pueden originarse en los seudobulbos, como en el caso de las *Dendrobium*, o en las varas florales, como en el caso de las *Phalaenopsis*. Para realizar este tipo de multiplicación deben tenerse en cuenta las siguientes recomendaciones:

- la nueva planta debe tener unos 10 cm de altura, incluyendo las hojas; y raíces bien desarrolladas, por lo menos tres y con 5 a 6 cm de longitud.
- el corte para separarlo tiene que ser en ángulo y limpio (con un buen instrumento que evite el desgarro y la contaminación).
- dejar cicatrizar el corte y luego plantarlo convenientemente.

Luego de un transplante o división de plantas no se debe regar por varios días. La herida debe estar aireada y seca, de esa forma se evita el ingreso de contaminantes.

Esquema de división de keikis

En Phalaenopsis.

Keiki.

Nueva planta.

Zona de corte.

Phalaenopsis sanderiana.

En Dendrobium.

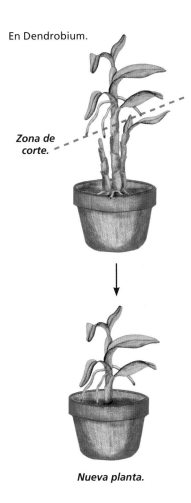

Zona de corte.

Nueva planta.

Dendrobium nobile.

Clonación

Cuando un cultivador que trabaja en un emprendimiento comercial posee una planta de características excepcionales, ya sea natural o resultado de una hibridación, se hace necesaria una forma de reproducción que no modifique los caracteres genéticos de la planta y que origine un gran número de individuos. En este caso se puede recurrir al cultivo *in vitro*.

Los cultivos se hacen a partir de células meristemáticas, que son células con toda la información genética y sin ninguna diferenciación y con una importante actividad mitótica (multiplicación). Estos grupos de células son muy pequeños y se ubican en determinadas zonas de las plantas según el grupo al que pertenezcan.

Las células, obtenidas prolijamente del corazón de los meristemas, se "siembran" en un medio de cultivo apropiado para la división celular sin diferenciación. Así se obtiene un callo de células que puede ser dividido y repicado, obteniéndose un sinnúmero de callos mientras se lo mantenga. Estos crecen en forma de plantitas y se van dividiendo hasta que alcanzan el tamaño necesario para ser plantadas en un recipiente adecuado.

Toda esta práctica requiere de medios y condiciones de cultivo axénicos (libres de toda contaminación) y también de cámaras que regulen la temperatura y la humedad. Tanto los medios como los frascos vienen estandarizados y se pueden comprar en el exterior del país, pero las fórmulas no son secretas, también se pueden preparar a partir de los elementos básicos. Al igual que el cultivo de las semillas, no es imposible para el aficionado pero sí bastante dificultoso, porque requiere condiciones muy específicas y una habilidad manual determinada.

CAPÍTULO

5

Enfermedades
y plagas

Capítulo 5 Enfermedades y plagas

Las orquídeas son susceptibles a enfermedades y plagas. Sin embargo, la mejor forma de defenderlas es mantenerlas fuertes y sanas desde el principio.

Prevenir antes que curar

El control de enfermedades y plagas puede ser biológico y por medio de productos específicos. El control biológico es muy conveniente, aunque de estar muy atacados la planta o el grupo de plantas, se puede recurrir a un control específico. Sin embargo, los controles biológicos se basan en la prevención, por eso insistimos en utilizarla como herramienta número uno. Para ello es necesario mantener limpia la zona donde se encuentran las plantas y así evitar la multiplicación de enfermedades en los rincones.

Un control biológico efectivo

A continuación se proponen algunas medidas básicas de prevención, muy eficaces para evitar las enfermedades en las orquídeas.

- Obtener plantas libres de enfermedades y pestes.
- Practicar una efectiva desinfección de huevos, esporas y otras formas de resistencia.
- Excluir las pestes, hongos y bacterias de las áreas de producción.
- Hacer un reconocimiento y relevamiento periódico de enfermedades y pestes, y llevar un reporte de la aparición de cualquier problema (enfermedad o plaga).
- De ser posible, aplicar remedios ecológicos y hacerlo sólo en la medida necesaria y en las concentraciones adecuadas.

Tratamientos con productos químicos

Si a pesar de las precauciones y prevenciones las orquídeas presentan problemas, se deben tener en cuenta algunos puntos fundamentales para la aplicación de productos químicos.

- Hacer una correcta identificación de los síntomas y del organismo involucrado.
- Aplicar el producto exacto para el organismo que atacó la planta y no uno parecido.
- Utilizar el dosaje correcto.
- Hacer la aplicación en el sitio y forma correcta.
- Aplicarlo con la periodicidad que indica el producto en su etiqueta (por ejemplo, una vez por semana, durante tres semanas consecutivas).
- No utilizar concentraciones bajas como preventivo o curativo, el organismo que ataca a la planta se tornará resistente al compuesto con el que lo tratamos.
- No elegir siempre el mismo producto. Es mejor, dentro de los indicados, elegir una variante cada vez que se adquiera un nuevo envase.
- No hacer mezclas de productos entre sí, ni de productos con fertilizantes.

Enfermedades

La enfermedad es una desviación en el funcionamiento normal del proceso fisiológico. Las plantas en general y las orquídeas en particular presentan síntomas de enfermedad ante los cuales es necesario distinguir si se trata de un error de cultivo que induce al desorden fisiológico, o del ataque de un agente patógeno.

Tipos de enfermedades

Una planta enferma puede estar afectada por dos tipos de agentes: los que causan enfermedades no infecciosas y los que provocan enfermedades infecciosas.

Agentes que provocan enfermedades no infecciosas

Las enfermedades no infecciosas están provocadas por agentes también llamados fisiogénicos. Estos pueden ser:

Agentes mecánicos	Traumatismos y estrangulaciones.
Agentes ambientales	Frío, calor, sequía, exceso de agua o ventilación.
Agentes nutricionales	Déficit o exceso de nutrientes.
Agentes químicos	Plaguicidas, gases y líquidos contaminantes.

Es importante tener en cuenta que por debilitamiento de la planta, las enfermedades no infecciosas permiten la rápida aparición de enfermedades infecciosas.

Agentes que provocan enfermedades infecciosas

Los agentes más comunes causantes de enfermedades infecciosas son ciertos tipos de virus, bacterias y hongos.

Virus

Son organismos muy sencillos, microscópicos, que provocan enfermedades crónicas, es decir que no tienen cura. Algunos virus son atenuados, permitiendo que las orquídeas se desarrollen y florezcan (tal es el caso en el género híbrido *Burrageara*), es decir, no causan un perjuicio notable en la vida de la planta. Sin embargo, otros virus provocan que la planta se desarrolle pero no llegue a florecer, como es el caso de los mosaicos y anillos.

por Alejandro Taborda.

Mosaico: virus extremadamente perjudicial, pues provoca manchas de un diseño punteado de color verde, amarillo o marrón en las diferentes partes de la planta. Los más conocidos son el mosaico del *Cymbidium, Cattleya* y *Vanda*, pero también afecta a otros géneros de orquídeas.

Anillo: forma bandas concéntricas anulares de diferente color en tallos, semillas y hojas. Los más comunes se presentan en *Odontoglossum, Cattleya, Laelia* y *Vanda*.
En ambos casos, la planta no tiene solución, y lo más aconsejable es quemarla.

Virus.

Bacterias

Son organismos simples, unicelulares o pluricelulares. Se transmiten por el agua, de una planta a otra por acción de insectos, moluscos, roedores y por el hombre. Un ambiente húmedo y sin ventilación es el medio ideal para su desarrollo.
La infección por bacterias pueden provocar en la planta los siguientes síntomas:

por Alejandro Taborda.

Podredumbre: afecta raíces, hojas, tallos, flores y frutos. El órgano afectado se transforma en una masa amorfa y viscosa de olor desagradable. Se origina por un exceso de riego o humedad en el ambiente, por mal drenaje y por un descenso brusco de la temperatura. Es común en *Cattleya, Laelia, Paphiopedilum, Phaius* y *Phalaenopsis*.

Manchas foliares: presentan diferentes formas, tamaños y colores. Tienen un aspecto aceitoso y grasiento, algo deprimido si el órgano es carnoso y con bordes netos o difusos

Bacteria sarna.

de color amarillo verdoso. Son manchas pardas que se observan principalmente en *Coelgyne, Miltonia, Oncidium, Phalaenopsis*.

Sarnas: se presentan en diferentes órganos. Son machas con un pequeño realce periférico circular, algo deprimido y aspecto corchoso. Ocurre en todas las orquídeas al ser regadas y expuestas al sol fuerte o a cambios bruscos de temperaturas.

Marchitamiento: la planta pierde la capacidad de absorber nutrientes y agua. Las hojas de más edad amarillean primero y luego lo hacen las más jóvenes. En estados avanzados aparecen manchas negras.

Hongos

Son organismos muy heterogéneos, importantes descomponedores de la materia orgánica para su reciclado al ecosistema. Los hay benéficos y muchos de ellos son nocivos para la salud de las orquídeas. Prosperan en un medio húmedo, y se eliminan en un ambiente ventilado o bien seco. Sus síntomas más frecuentes son:

Podredumbre: suele confundirse con la podredumbre bacteriana, pero ésta desarrolla un moho y liberación de líquidos. Se observa en orquídeas puestas en maceta sin una adecuada ventilación y aireación del sustrato. y es provocado por la deposición de líquidos y sustancias eliminadas por insectos sobre otras partes afectadas.

Fusariosis: masas de hongos blancos a manera de fieltro sobre tallos, pecíolos y flores.

Manchas foliares: son distintos hongos que se localizan en los tejidos de las hojas especialmente, o en otros órganos. Producen necrosis y puntuaciones negras con un borde rojo purpúreo o amarillento rodeando la mancha.

Oidio: fieltro de color blanquecino harinoso, en diferentes órganos de los vegetales.

Botritis: crecimiento algodonoso superficial de mohos, en flores y frutos.

Fumagina: hongo en forma de fieltro o pavimento semejante al hollín. Mancha las hojas impidiendo su efectiva acción fotosintética. Se elimina con un lavado de las hojas

por Alejandro Taborda.

Hongos (botritis)

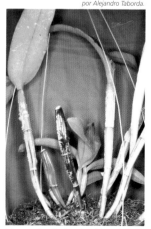

por Alejandro Taborda.

por Alejandro Taborda.

por Alejandro Taborda.

Hongos (podredumbre húmeda).   *Hongos (fumagina).*   *Hongos (manchas foliares).*

Plagas

Insectos, moluscos, roedores, otros mamíferos e incluso el ser humano provocan alteraciones en la salud de las orquídeas. La planta se encuentra infectada por acción de estos, muchos de los cuales son transmisores de enfermedades. En el caso del ser humano, los cortes inadecuados o el mal manejo de la planta pueden también perjudicar su salud.

Clasificación de las plagas

Las plagas se clasifican según el daño que provocan.

Babosas y caracoles: moluscos extremadamente dañinos que actúan durante el atardecer o de noche, durante los días posteriores a la lluvia, o en climas húmedos. Se los evidencia por mordeduras irregulares en el centro y bordes de las hojas, flores y raíces, junto con un rastro de baba o mucosidad brillante que dejan a su paso. Realizan una acción residual, pues depositan sus huevos esféricos y brillantes dentro de las macetas de las orquídeas, eclosionando nuevas camadas voraces para el comienzo de la primavera.

Larvas y orugas: son los estadios larvarios de muchas mariposas, cascarudos, moscas, etc. Actúan de igual manera que los moluscos, comen muy rápido, pero no dejan un rastro de mucosidad que los delate.

Hormigas: cortan hojas que llevan para alimentar a sus larvas en el hormiguero, previo cultivo de un hongo necesario para su transformación en alimento. Para ello, reclutan pulgones y vaquitas que les proporcionan glucosa y otros azúcares necesarios para la acción del hongo.

Cucarachas: mastican toda clase de materia orgánica y transmiten virosis, bacteriosis y fungosis. Se asocian a la falta de limpieza en el lugar donde se cultivan las orquídeas. Dejan marcas a manera de punteado alrededor de brotes tiernos y carnosos.

Bicho bolita: si bien se alimenta de hojas y raíces en descomposición, cuando la colonia es muy grande llega a masticar raíces, brotes nuevos, e incluso pimpollos.

Langostas y saltamontes: atacan en cualquier momento del día y de la noche.

Vaquitas: si bien la vaquita de San Antonio es un coleóptero benéfico pues devora pulgones, la vaquita de San Andrés (cuerpo con fondo verde claro y lunares blancos con negro) y la vaquita del zapallo (cuerpo con fondo marrón, con lunares amarillos y marrón más oscuro) son fitófagas. Se puede decir que toda vaquita que presenta un cuerpo con al menos una coloración roja o naranja en mayor o menor proporción, resulta benéfica. Toda otra coloración que no presente estos tonos es perjudicial para las plantas.

Thrips: son insectos pequeños y muy numerosos que proliferan en condiciones muy húmedas y cálidas. Sus alas son semejantes a flecos y brillan cuando hay luz. Son pequeñas mosquitas muy activas, saltarinas y fugaces. Al raspar y absorber en el contenido celular dejan en las hojas un aspecto semejante a un "plateado" en su cara adaxial (parte superior).

Nematodes: son pequeños gusanos delgados del aspecto de una lombriz. Habitan en el suelo y atacan raíces y el cuello de la planta donde pueden enquistarse. También son importantes vectores de diversas enfermedades.

Pulgones: insectos muy pequeños con alas. Deforman brotes, pimpollos, raíces y flores. Segregan sustancias azucaradas que son recolectadas por las hormigas, las cuales los protegen y provocan la aparición de fumagina y otras enfermedades. Aparecen en los días frescos y húmedos, luego de las lluvias y días cálidos.

Cochinillas: son insectos adheridos a las hojas, tallos y raíces protegidos por un caparazón de cera que los resguarda de las inclemencias del tiempo. Aparecen en los días húmedos. Provocan alteraciones, deformaciones, manchas y son transmisores de diversas enfermedades.

Chinches: son insectos de cabeza pequeña, con alas delgadas y traslúcidas, con una cubierta protectora dura, brillosa, y de diverso colorido. Generalmente, cuando se las molesta o se las mata, emanan un olor desagradable. Tanto los estados ninfales como los adultos alteran y lesionan hojas y flores por las picaduras que infligen. Además, encastran sus huevos en las hojas y los cubren con excrementos, provocando deformaciones.

Arañuelas: son ácaros, parientes de las arañas, pero mucho más pequeños, de color rojizo y redondos, solamente observables con una lupa. Aparecen en ambientes luminosos, con clima caluroso y seco. Atacan cualquier parte del vegetal, especialmente las hojas ya desarrolladas, provocando clorosis (pérdida de la coloración verde característica de las hojas), con surgimiento posterior de manchas marrones y negras en la cara adaxial, en tanto que en la cara abaxial (parte inferior de la hoja), su aspecto es el de una tela de araña de color cobre o gris. Cuando el ataque es muy severo, las hojas se pliegan hacia abajo por sus bordes. Su control es difícil, si no se aumenta la humedad ambiental.

Fotos: Alejandro Taborda.

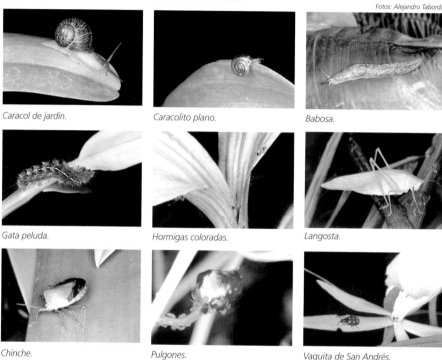

Caracol de jardín.

Caracolito plano.

Babosa.

Gata peluda.

Hormigas coloradas.

Langosta.

Chinche.

Pulgones.

Vaquita de San Andrés.

Diferencia entre una enfermedad y una plaga

La diferencia entre una enfermedad y una plaga es que la primera requiere un tiempo de incubación que va alterando los sistemas, hasta que se visualizan los síntomas. En cambio, en el caso de las plagas, basta una noche para que las babosas terminen con todos los ápices de las raíces.

Cómo combatir enfermedades y plagas

Afortunadamente cada vez se toma más conciencia sobre la necesidad de evitar la devastación de la naturaleza. Entre las medidas de alcance de los cultivadores aficionados se halla la práctica de la jardinería orgánica, que prescinde de venenos o insumos químicos.

La jardinería orgánica se basa en técnicas para combatir plagas y enfermedades de la huerta y el jardín mediante la utilización de preparados caseros, en los que se usan plantas o partes de ellas. A estos preparados se los denomina "remedios ecológicos", debido a que no dañan el ambiente por ser naturales y reemplazan a los peligrosos pesticidas químicos.

Otra herramienta incluye plantar especies que por su olor alteran el comportamiento normal de ciertas plagas, como así también alimentar el suelo con productos orgánicos, entre ellos el compost, abonos de lombriz, harina de huesos, resaca de los ríos, etc.

Preparados caseros

La jardinería orgánica se basa en principios sencillos y así, con elementos de uso común en la cocina, es posible confeccionar diferentes preparados en forma casera para erradicar enfermedades y plagas de las orquídeas.

Purín de ortigas: se realiza dejando reposar en medio litro de agua dos o tres puñados de ortigas, durante cuatro o cinco días. Luego se hace una dilución de una parte del purín con diez partes de agua y se aplica. Este purín de ortigas combate pulgones y el té de hojas de ortigas se usa como fertilizante.

Infusión de ajo: se realiza dejando remojar dientes de ajo durante 24 horas, luego la preparación se cocina durante veinte minutos a fuego lento, se deja enfriar y se aplica. Se utiliza para ahuyentar pulgones. Para combatir las hormigas, se aconseja regar durante varios días con esta solución en agua tibia los lugares frecuentados por las hormigas.

Infusión de cáscara de cebolla: se separan las cáscaras de dos o tres cebollas a las que se les agrega un litro de agua caliente. Se deja reposar durante 24 horas y se aplica para ahuyentar pulgones y controlar hongos.

Infusión de tabaco: juntar varias colillas de cigarrillos sin ceniza y verter sobre ellas un litro de agua. Dejar que salga la nicotina y se mezcle con el agua. Filtrar al día siguiente y aplicar. Se usa para combatir pulgones y cochinillas pasándola por hojas afectadas con un algodón embebido en el agua de nicotina. También se puede pulverizar. Para favorecer la adherencia se puede agregar una cucharada sopera de jabón blanco rallado. Este preparado también combate la arañuela roja.

Polvo de hornear: se mezcla una cucharada de polvo de hornear con un litro de agua y se agrega ralladura de jabón blanco. Este preparado sirve para combatir pulgones, cochinillas y oídio. El tratamiento se realiza durante tres meses, repitiéndolo cada siete días. A la preparación se le pueden agregar 60 g de tabaco con dos cucharadas de jabón blanco y usarlo como preventivo.

Alcohol de ajo: colocar seis dientes de ajo en la licuadora con medio litro de alcohol fino y medio litro de agua. Licuar tres minutos. Colarlo a través de una tela y envasar en una botella tapada colocándola en la heladera, pues el frío potencia el efecto de insecticida del ajo. Para usarlo como curativo, pulverizar las plantas y el suelo. Hay que realizar varias aplicaciones. También a esta preparación se le puede agregar ralladura de jabón blanco.

Control orgánico de plagas

Aquí se detallan algunos tratamientos para determinadas plagas, con elementos al alcance de todo jardinero.

Babosas, caracoles y bichos bolita: estos animales se eliminan con cerveza. Se debe enterrar al ras del suelo tapas de frasco de café o latas cortadas por la mitad llenas de cerveza. Los caracoles, las babosas y los bichos bolita, atraídos por el olor fuerte, caen en la cerveza. También se pueden usar hojas de repollo esparcidas en el lugar donde habitan estos insectos. Se coloca una hoja de repollo con un ladrillo encima, y se levanta diariamente para ir eliminado los animales.

Hormigas: para combatirlas, machacar y macerar durante quince días frutos del paraíso. El resultado es un fermento que, regado en el suelo, es un repelente de hormigas. Se debe mantener alejado de los niños. También se puede mezclar pimienta blanca y agua en partes iguales, y pulverizar la mezcla o pintar los troncos de las plantas. Otra solución es hacer una infusión de 300 g de hojas frescas de lavanda con un litro de agua. También se puede realizar un purín de hojas de roble y pulverizar sobre las plantas atacadas.

Gusanos, orugas cortadoras y mosca blanca: para controlarlas, se pican 90 g de ajo más dos cucharadas de aceite mineral y se deja reposar durante 24 horas. Luego se agrega medio litro de agua y ralladura de jabón blanco. Se mezcla bien y se aplica.

Laelia lundii.

CAPÍTULO
6

Orquídeas
americanas:

Alianza *Cattleya*

Capítulo 6
Orquídeas americanas: Alianza *Cattleya*

La Alianza Cattleya es un grupo muy difundido en cultivo de orquídeas americanas y muchos de los géneros que la integran están entre los preferidos por aficionados y cultivadores.

Dentro de este conjunto se encuentran los siguientes géneros: *Cattleya, Laelia, Epidendrum, Encyclia, Sophronitis, Brassavola, Zygopetalum.*

Géneros *Cattleya* y *Laelia*

Son dos géneros americanos que abarcan las orquídeas más cultivadas. Se distribuyen en América Central y América del Sur tropical, hasta los 33° de latitud sur.

Ambas orquídeas son epifitas o semiepifitas y presentan una espata protectora de las flores hasta su apertura, de posición apical (excepto en *Cattleya walkeriana*, que es basal).

En la selva, las *Cattleya* ocupan la zona superior de los árboles, pues constantemente buscan la luz. Las *Laelia* se distribuyen en los árboles, pero también son rupícolas. Ambos géneros son resistentes al frío y a la sequía. Para distinguir una planta de *Cattleya* de una de *Laelia*, se deben tener en cuenta las siguientes características.

Características

Partes de la planta	*Cattleya*	*Laelia*
Políneas	4	8
Seudobulbos	Largos, casi siempre cilíndricos.	Cortos, ovoides o con forma de pera.
Flor	Pétalos anchos, sépalos delgados y labelo amplio.	Pétalos y sépalos semejantes; labelo mediano o poco vistoso.
Escapo floral	Longitud mediana	Corto, mediano o muy largo.

Género *Cattleya*

La *Cattleya* puede ser clasificada morfológicamente en dos grupos.

a) *Cattleya* **unifoliada:** con una sola hoja gruesa.

Como ejemplo se puede mencionar a la especie enana *Cattleya luteola*, cuya floración apical es de 40 cm de largo, con una a cinco flores que pueden medir hasta 20 cm. Otros ejemplos de este género son: *Cattleya labiada, C. mossiae* (flor nacional de Venezuela), *C. trianaei* (flor nacional de Colombia), *C. warnerii, C .maxima, C. dowiana* (flor nacional de Costa Rica) y *C. gaskeliana.*

Los colores pueden ser púrpura, lila, blanco, amarillo, verdoso, y combinados, o con manchas y rayas en innumerables híbridos.

Su introducción en Europa se debió a una casualidad. Fue llevada desde el Brasil como material de embalaje en un envío para el sir William Cattley, quien decidió plantarla.

En 1821 floreció y John Lindley, en honor a su dueño, le dio el nombre a un género nuevo: *Cattleya*. La especie fue llamada *Cattleya labiata autumnalis*. Este grupo es propio de Venezuela, Colombia, América Central y del norte del Brasil. Las flores de *Cattleya* permanecen abiertas durante dos semanas.

b) *Cattleya* **bifoliada:** con dos o tres hojas de grosor variable, seudobulbos grandes hasta 150 cm en *Cattleya guttata.*

Las flores, entre diez y veinticinco, son más carnosas y de menor tamaño. Permanecen tres semanas abiertas. Dentro de este grupo se encuentran las *Cattleya* del sur del Brasil. Como ejemplo se pueden nombrar a: *C. intermedia, C. leopoldii, C. loddigesti, C. guttata, C. nobilior, C. schilleriana, C. guatemalensis* (híbrido natural), *C. bicolor, C. granulosa, C. amesthytoglossa, C. harrisoniana* y *C. forbesi.*

Cattleya maxima.

Cattleya intermedia

Brassolaeliocattleya Pastoral Innocence

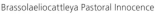

Cattleya intermedia var. coerulea.

Cattleya amethystoglossa.

Cattleya aclandiae.

Género *Laelia*

Dentro del género *Laelia* se presentan diferencias entre las mexicanas y las brasileñas. Las *Laelia* mexicanas tienen una, dos o tres hojas por seudobulbo, sus flores son medianas y la vara floral es larga. Algunas especies son *Laelia anceps, L. autumnalis, L. albida, L. furfuracea, L. superbiens.*

Laelia crispata x Cattleya Hifin Bells.   Brassolaelia.

Las Laelia brasileñas tienen una sola hoja por seudobulbo; sus flores y su vara floral son de distintos tamaños. De este grupo forman parte la mayoría de las rupícolas (*L. cinnabarina, L. crispa, L. harpophyla, L. tenebrosa*) y la *Laelia purpurata*, flor nacional del Brasil. Las flores permanecen abiertas por no más de dos semanas.

por Alejandro Taborda.   *por Alejandro Taborda.*   *por Alejandro Taborda.*

Laelia purpurata coerulea.   Laelia purpurata var. carnea.   Laelia purpurata var. purpurata.

Cómo cultivar una *Cattleya* y una *Laelia*

Aunque sus cuidados son sencillos, tanto en la *Cattleya* como en la *Laelia* se deben tener en cuenta las siguientes indicaciones.

Temperatura	De noche soportan una mínima de entre 10° a 12° C; de día, temperaturas altas entre 35° a 38° C. No hay que olvidar regar bien en los días calurosos. No regar con temperaturas de menos de 10° C.
Humedad	40 a 80%.
Riego	Toleran seco-mojado. Aumentarlo en verano, reducirlo en invierno.
Iluminación	Necesitan luz directa, pero no más de ocho horas y protegiéndolas al medio-día. El color ideal de sus hojas, para que la planta pueda desarrollar flores, es de verde claro a amarillo verdoso.
Ventilación	Una buena ventilación es clave para su desarrollo.
Fertilización	Conviene proporcionarles un shock de fósforo tres meses antes de la floración. No hay que fertilizar en pleno verano ni en invierno.
Ubicación	En canastos, macetas de plástico y de barro, soportes y sobre árboles.

Géneros *Epidendrum* y *Encyclia*

Estos dos géneros están algo más que emparentados, y durante más de cien años botánicos y taxonomistas tuvieron sus contiendas. Hoy día se llegó a la conclusión de que se asigna el nombre de Epidendrum a las plantas con seudobulbos en forma de caña, y con la columna soldada al labelo y al rostelo dividido. Y el género *Encyclia* agrupa las especies con seudobulbos típicos, y con la columna libre o soldada únicamente en la base del la-

Descripción morfológica

- Las flores de ambos géneros tienen cuatro políneas.
- Las flores de la *Encyclia* se presentan en inflorescencias terminales sin espata y no exceden los 4 cm de diámetro. Cuando se reconoció la primera orquídea del género *Encyclia*, el tamaño de sus flores fue el principal motivo por el cual se pensó que eran distintas a las *Cattleya*.
- Los sépalos y los pétalos laterales son muy similares en ambos géneros.
- Las flores de los *Epidendrum* también se agrupan en inflorescencias terminales, los sépalos y los pétalos laterales son muy similares a los del género *Encyclia*.

Cómo cultivar una *Epidendrum* y una *Encyclia*

Como en todas las orquídeas, para cultivar las plantas de este grupo es necesario cumplir ciertos parámetros de temperatura, humedad, riego, iluminación y fertilización

Temperatura	Crecen bien con temperaturas nocturnas de 13° a 15° C y diurnas de 20° a 25° C.
Humedad y riego	Las plantas crecen correctamente con humedad relativa de 50 a 75%. Deben estar bien ventiladas sin que se expongan a fuertes vientos. Durante la etapa de activo crecimiento no hay que dejar que el medio se seque totalmente entre riego y riego. Después de la floración, el riego debe espaciarse. Al efectuar el cambio de maceta conviene rociar las hojas con una lluvia muy fina, hasta que se establezcan las raíces
Iluminación	Para una buena floración necesitan luz brillante indirecta.
Fertilización	Al igual que las otras orquídeas de este grupo, si se las cultiva en canastos o macetas se debe utilizar un fertilizante rico en nitrógeno. Si se las cultiva sobre soporte, hay que utilizar fertilizante de equilibrio, siempre diluidos a la mitad de lo que indican las instrucciones. Después de la floración, cuando se reduzca el riego, se debe disminuir la frecuencia de fertilización.

Especies del género *Epidendrum*

Como en todas las orquídeas, para cultivar las plantas de este grupo es necesario cumplir ciertos parámetros de temperatura, humedad, riego, iluminación y fertilización

E. paniculatum: se distribuye en Misiones, Iguazú y aledaños. Planta epifita, con raíces largas, de aspecto robusto, tallos abundantes y péndulos hasta 1 m de largo, y hojas lanceoladas color verde oscuro. La inflorescencia es apical con diez a treinta y cinco flores verdes claras, fragantes. Se desarrolla en sitios sombríos y húmedos en selvas densas.

E. ibaguense: originaria de América intertropical. Es una planta de dimensiones grandes, con seudobulbos como tallos, hojas coriáceas, elípticas, alternas. Tallo floral apical con inflorescencia densa de larga duración, colores variables, con predominio del rojo. Florece varias veces al año, se cultiva en el jardín, en un lugar soleado.

Otras especies: *E. denticulatum, E. secundum, E. avícola (ex Laniun avícola), E. campestris, E. radicans, E. rondonense, E. ciliare, E. parkinsoniamun, E. pseudoepidendrum.*

por Alejandro Taborda.   por Alejandro Taborda.   por Alejandro Taborda.

Epidendrum paniculatum.

Epidendrum ibaguense.

Epidendrum denticulatum.

Epidendrum Cristal Valley.

Epidendrum pseudoepidendrum var. albescens.

Especies del género *Encyclia*

Encyclia oncidiodes (Encyclia saltensis), ex E. argentinensis: se distribuye desde América Central hasta la Argentina (Jujuy y Salta).

Son plantas de rizomas robustos, cubiertos de brácteas con numerosos seudobulbos, con dos hojas lineales verde vivo con punta aguda.

Otras especies: *E. somanta* y *E. cordigera.*

En 1997 y 1998 se renombraron como *Prostechea* a noventa y una especies incluidas en *Encyclia*, que poseen seudobulbos alargados, flores no resupinadas y labelo unido a la columna hasta la mitad. Poseen en sus tejidos cristales de glucósidos (azúcares).

Las más comunes dentro de este grupo son: *P. allemanii*, P. all*emanoides, P. boothiana* (Cuba), *P. cochleata* (Cuba), *P. fausta, P. fragans, P. prismatocarpa, P. vespa* y *P. papillo.*

por Alejandro Taborda. *por Alejandro Taborda.*

Encyclia oncidioides. Encyclia osmantha. Prosthechea vespa.

Prosthechea cochleata (ex Encyclia). Encyclia brassavolae.

Género *Sophronitis*

Su nombre deriva del griego *sophron* que significa "modesto", "casto" y, en este caso, "pequeño". Este género se distribuye en el sur del Brasil, Paraguay, Bolivia y Argentina.

Es una planta pequeña, definida por los aficionados como la gloria de las microorquídeas. Es un género no sólo valorizado por su belleza particular sino por la implicancia que tuvo en las hibridaciones el color rojo naranja de sus flores. Casi todas las especies dan una sola flor. Sus flores sin espata aparecen antes de la maduración total del brote, y la hoja que se va desarrollando, da protección al pimpollo. La mayoría de las especies proviene de zonas montañosas, húmedas y relativamente frías. La humedad ambiente elevada es imprescindible para el buen cultivo de este género y para el desarrollo plano de sus flores.

Se divide en dos grupos: **S. cernua** y **S. coccinea.**

por Alejandro Taborda.

Sophronitis cernua.

Sophronitis coccinea.

Descripción morfológica del grupo *Sophronitis cernua*

Las orquídeas de este grupo tienen seudobulbos gordos y cilíndricos cuando son jóvenes y se tornan aplanados y arrugados cuando están viejos. Tienen 1,5 a 2 cm de longitud y crecen a la derecha e izquierda de un tortuoso rizoma. Poseen una hoja por seudobulbo, ovalada, gruesa y carnosa de 2 a 3 cm de longitud. La inflorescencia corta lleva de dos a cuatro flores, de color rojo naranja. Hay una variedad, que se da en forma muy escasa,

Descripción morfológica del grupo *Sophronitis coccinea*

Estas orquídeas tienen seudobulbos pequeños y delgados, una sola hoja por seudobulbo, que es rígida pero más larga, angosta y menos suculenta que en el otro grupo. Las hojas de la especie *Sophronitis coccinea* poseen 6 a 7 cm de longitud y tienen una vena media de color púrpura oscuro. Las flores, según la especie y la variedad, van del rosado al escarlata. En general, los sépalos son angostos y los pétalos laterales son anchos y con los extremos redondeados. El labelo puntiagudo envuelve la columna. La floración se produce hacia fines del otoño y principios del invierno. Después de abrirse, las flores siguen creciendo.

Sophrolaeliocattleya.

Cómo cultivar una *Sophronitis*

Por lo general la *Sophronitis cernua* se cultiva con éxito y florece con facilidad, mientras que la *Sophronitis coccinea* es una planta difícil de conseguir y de cultivar, aunque no imposible.

Temperatura	*Para la S. coccinea es conveniente que la temperatura del invierno no sea inferior a los 8° C, dado que si bien en donde viven pueden que reciban menor temperatura, la elevada humedad las ayuda a soportarla. La S. cernua es más resistente. En verano y durante el día no debe estar expuesta a más de 20° a 25° C, en lo posible.*
Humedad y riego	*Las plantas crecen correctamente con humedad relativa de 50 a 75%. Estas plantas, más que riego, necesitan elevada humedad ambiente y climas brumosos como los de las costas (S. coccinea). Es conveniente proveerlas de abundante agua durante todo el año, pero hay que ser cuidadosos de no "ahogarlas" en el afán de compensar la falta de humedad ambiente. Es indispensable una muy buena aireación para que por la humedad no se desarrollen enfermedades.*
Iluminación	*Los requerimientos de luz de las Sophronitis están más cerca de la penumbra que de la luz del sol. Hay que ubicarlas donde no reciban luz del sol directo y se adaptan bien en el rincón donde otras plantas no florecerían.*
Fertilización	*Es conveniente usar una fórmula de equilibrio para las plantas adultas, pero para las plantas en crecimiento se recomienda usar 30 10 10, diluido a la mitad de las indicaciones del producto.*
Transplante	*Como son plantas pequeñas, no es necesario hacer grandes divisiones y no se recomienda hacerlas. Para cultivar una S. cernua es más indicado hacerlo sobre un soporte. Mientras que a una S. coccinea le conviene más un canasto con muy buen drenaje. Si se prefiere usar recipiente, se recomienda un medio de grano fino con siete partes de corteza, una parte de carbón, una de perlita y una de musgo Sphagnum.*

Género *Brassavola*

Las orquídeas *Brassavola* pertenecen también a un género americano. Se distribuye en tierras bajas en toda América tropical. Son plantas simpodiales y epifitas.

Descripción morfológica

Este género tiene seudobulbos muy pequeños, cilíndricos y delgados, con una hoja apical gruesa, semiterete y profundamente surcada. Las flores pueden ser solitarias o en racimos cortos, son de larga floración y con fuerte fragancia nocturna. Los tres sépalos y los dos pétalos laterales son casi iguales, libres y extendidos. El labelo, unilobado, envuelve a la base de la columna en forma de tubo y luego se extiende y ensancha abruptamente. Las antenas tienen ocho políneas fuertes y lateralmente comprimidas.

Cómo cultivar una *Brassavola*

Temperatura	*Crecen bien con temperaturas de 13° a 15° C durante la noche y de 18° a 24° C durante el día. Si bien estas son las temperaturas para un crecimiento óptimo, son plantas resistentes a ligeras heladas y altas temperaturas.*
Humedad	*Se recomienda para el invierno una humedad de entre 40 y 60%, y para el verano de entre 40 y 70%.*
Riego	*Son plantas que responden al lema seco-mojado. Si se las cultiva en soporte hay que regarlas cada vez que éste se seca. Si se las cultiva en recipiente, hay que regarlas cuando el medio está seco, con excepción de dos semanas después de la floración. En esta época se debe prevenir que no se seque totalmente el medio entre riego y riego para ayudar a que se recupere del esfuerzo. Es conveniente tener la planta sobre un sistema de humidificación (ladrillo, maceta rota, leca mojada) y rociar con agua la orquídea hasta que enraíce bien.*

Iluminación	Durante el período de activo crecimiento necesita de tres a cuatro horas de luz del sol (nunca sol del mediodía). Durante el resto del año necesita mucha luminosidad con sombra rala.
Fertilización	Como el resto del grupo, si se la cultiva en recipiente, necesita fertilización rica en nitrógeno (30 10 10). Si se la cultiva sobre soporte, necesita una fórmula de equilibrio. En cada caso usar la mitad de lo indicado en las instrucciones del producto.
Transplante	Se debe cambiar la planta de recipiente cuando el medio se deteriora y no tiene buen drenaje o cuando la planta supera el tamaño del recipiente. Si se divide a la planta, no hay que dejar menos de tres o cuatro seudobulbos. Usar como medio una proporción de siete partes de corteza, una de carbón, una de perlita y una de Sphagnum.

Especies del género *Brassavola*

Brassavola tuberculata: se trata de una planta epifita, forma matas ralas de hasta cien hojas terete y péndulas. Sus raíces son largas, con rizoma reptante corto y seudobulbos cortos, cada uno con una hoja terete. La inflorescencia es racimosa y con un promedio de cinco flores grandes de color blanco amarillento y con perfume al atardecer que atrae al insecto polinizante. Florece de enero a marzo y de agosto a diciembre. En la Argentina se distribuye

por Alejandro Taborda.

en Formosa, Chaco, Entre Ríos, Corrientes y Misiones.
Este género se ha usado mucho para híbri-

Brassavola digbyana: hoy renombrada como *Rhyincholaelia digbyana*, presenta una sola hoja apical gruesa y de color verde grisáceo, inflorescencia uniflora de gran tamaño, con labelo fimbriado. Es el género más importante en los híbridos de la Alianza *Cattleya*.

Otras son *Brassavola acaulis, B. martiana, B. cucullata, B. nodosa, B. perrinii.*

Brassavola tuberculata.

Brassavola nodosa.

Género *Zygopetalum*

Las *Zygopetalum* están ganando popularidad como plantas en maceta, sobre todo en los Estados Unidos donde se cultivan híbridos nuevos de Australia y Nueva Zelanda. Esta especie posee coloridas flores, algunas con perfumes. En el Japón está cotizada como flor de corte. Son plantas nativas de América del Sur (sur del Brasil, Paraguay, Uruguay, Perú, Bolivia, Argentina).

Toleran condiciones climáticas variables. Comprenden unas cuarenta especies, en su mayoría epifitas. Poseen seudobulbos medianos, comprimidos, rizoma largo, con dos a cuatro hojas apicales, varas florales basales con flores grandes, y con predominancia de pétalos y sépalos amarillo verdosos y manchas rojizas. El labelo es amplio y de coloración violácea.

Cómo cultivar una *Zygopetalum*

A continuación se puntualizan los cuidados de cultivo que necesitan las *Zygopetalum*.

Temperatura	*Mínima nocturna 14° C, máxima diurna 35° C, aunque toleran temperaturas menores.*
Humedad	*Medio bien húmedo, 70 a 85%.*
Riego	*Debe ser abundante, debe disminuir cuando maduran los seudobulbos y comienza la floración.*
Iluminación	*Brillante, no sol directo.*
Ventilación	*Factor clave y muy importante.*
Fertilización	*Necesitan fertilización constante.*
Transplante	*Se pueden propagar por seudobulbo sin hojas. Se debe colocar musgo Sphagnum en una bolsa plástica y sobre ello el seudobulbo. Sellar la bolsa, dejarla en un lugar cálido sin sol directo. Cuando aparece la nueva vegetación pasarlo a maceta. También puede hacerse con vara floral.*
Ubicación	*En canastos con corteza mediana y musgo. Las plantas jóvenes en macetas perforadas.*

Especies del género *Zygopetalum*

Zygopetalum crinitum,

Z. intermedium.

Z. mackayii.

Z. mosenianum.

Z. brachypetalum.

Z. maxillare.

Z. triste.

Zygopetalum maxillare: en la Argentina es originaria de la provincia de Misiones (Oberá). Es de fácil cultivo, florece de diciembre a febrero, dando flores hermosas. Necesita riego constante. Se puede propagar por sus varas florales terminadas en sus flores: hay que cortarlas y apoyarlas sobre musgo. Así se originarán nuevas yemas vegetativas.

Zygopetalum mackayii.

Zygopetalum maxillare.
Foto: Amalia Cicotti.

CAPÍTULO
7

Orquídeas
americanas:

Alianza *Oncidium*

Capítulo 7

Orquídeas americanas: Alianza *Oncidium*

Las orquídeas de este grupo son de origen americano, muchas de ellas nativas de la Argentina. Más de seiscientas especies habitan el continente desde el sur de los Estados Unidos hasta el norte de Buenos Aires.

Género *Oncidium*

El hábitat de estas orquídeas abarca desde el nivel del mar hasta la montaña a 4000 metros de altura.

Muchas son epifitas, pero también crecen en hojarasca y en forma estrictamente terrestre. Se cultivan con excelentes resultados sobre soportes y en canastos. Sus flores tienen en general un amplio labelo, si bien cada flor no es de gran tamaño. La inflorescencia es simple o ramificada, y en forma de cascada de colores brillantes (predominan los amarillos, las tonalidades marrones y rojas, sin faltar los tintes rosados).

Dentro de este grupo de orquídeas americanas se encuentran los siguientes géneros: *Oncidium, Tolumnia, Miltonia, Miltoniopsis.*

Brassia Rex.

Psygmorchis pusilla.

Ornithophora radicans.

Lycaste skinneri.

Psychopsis krameriana.

Rossioglossum Rawdon Jester.

Descripción morfológica

- Son plantas simpodiales.
- Tienen seudobulbos unifoliados o bifoliados, con hojas alargadas y algo delgadas. Algunas tienen hojas terete (en forma de lápiz) y otras abanicos enanos de hojas duras y trimeras. Dentro de este grupo se encuentran las populares orquídeas "oreja de burro". Estas presentan hojas dobladas de aspecto coriáceo, produciendo inflorescencias a partir de la base de las hojas y no en el vértice de los seudobulbos como en la *Cattleya*.
- Las inflorescencias nacen de la axila de las vainas y pueden tener desde unos pocos centímetros hasta tres o cuatro metros.
- Las flores no tienen nectarios; la parte basal del labelo se extiende ampliamente desde la columna en forma de una falda amplia, razón por la cual se las denomina también bailarinas.

Cómo cultivar un *Oncidium*

Temperatura y humedad	*Como se esperaría de un género grande y ampliamente extendido las Oncidium prosperan en regiones muy diferentes, desde las tierras bajas tropicales, calurosas y húmedas, hasta las zonas frías y nebulosas de las montañas. Inclusive crecen en algunos lugares con climas casi desérticos, en buena parte del año. Si bien este grupo es menos exigente en sus necesidades de temperatura que muchas otras orquídeas, se desarrolla mucho mejor si crece en forma natural. La mayor parte de las especies se crían correctamente en una gama de temperaturas diurnas de 21° a 29° C; y nocturnas de 16° C.*
Riego	*El patrón de riego es similar al de la Cattleya, aun cuando algunas especies requieren mayor frecuencia de riego para evitar la deshidratación de los seudobulbos. Las secciones del género Oncidium difieren respecto de sus necesidades de agua. Algunas presentan un período considerable de descanso de hasta varios meses en el cual la planta ni crece ni florece. En otras no ocurre esto pues comienzan sus inflorescencias inmediatamente después de terminar su crecimiento vegetativo y crecen nuevamente justo después de florecer. Las que se encuentran en período de descanso deben recibir un poco menos de agua durante su inactividad, pero no tan poca como para causar un severo arrugamiento en los seudobulbos. La experiencia enseña pronto cuál es la frecuencia de riego necesaria para las condiciones particulares del sitio de cultivo. Este grupo crece bien en casi todos los medios de cultivo para orquídeas epifitas, pero el drenaje debe ser perfecto. Las raíces son bastante delgadas y mueren si el medio permanece encharcado o descompuesto.*
Iluminación	*Prosperan en luz filtrada a brillante. Algunas especies, aquellas con hojas terete y las "oreja de burro", toleran iluminaciones altas, pero las especies de zonas frías se crían mejor con menos luz. Las hojas deben ser de un verde medio a ligeramente amarillo o de tinte rojizo, nunca de verde oscuro lustroso.*
Ventilación	*Como las demás orquídeas, la circulación del aire es un requisito prioritario. El aire deberá ser húmedo para prevenir la deshidratación y fluir suavemente.*
Fertilización	*Los fertilizantes necesarios para la Oncidium son similares a los empleados para la mayoría de las orquídeas epifitas.*
Transplante	*La Oncidium cultivada en maceta normalmente debe ser transplantada cada dos años. Una solución empleada por muchos para evitarse la tarea de transplantes frecuentes y el traumatismo que produce esto a las plantas, consiste en montarlas sobre troquitos o planchas de raíz de helecho, que son los medios más comúnmente utilizados. Las secciones pequeñas de ramas de árboles con corteza gruesa y áspera son muy útiles y estéticas. Cada uno de estos medios aporta excelente drenaje, con excepción de algunos helechos arborescentes que pueden ser demasiado tupidos. La única desventaja que presenta esta solución es que las plantas así montadas requieren riegos más frecuentes que las sembradas en maceta. La Oncidium produce raíces que se adhieren fuertemente a estos medios y, al quedar expuestas al aire, no requieren ser transplantadas por períodos de cinco o más años.*

Ubicación

Oncidium pulvinatum *y los híbridos más grandes, como por ejemplo* Oncidium Sherry Baby o Colmanara Wild Cat, *se pueden poner en canastos y macetas de plástico perforadas. Se debe aplicar una mezcla en partes iguales de corteza, musgo y turba (esta última se puede suprimir). Es recomendable fijarlas en láminas de corcho, troncos o en ramas de árboles. No se recomienda su movimiento y repateado, pues son plantas que amacollan rápidamente. De tener que realizarlo, se deberá efectuar luego de su floración, al comienzo de su período vegetativo.*

Oncidium Taka.

Oncidium flexuosum.

por Alejandro Taborda.

Oncidium Twinkle Park.

Oncidium bifolium var. bifolium

Género *Tolumnia ex Oncidium*

Las *Tolumnia* también se denominan *Equitant Oncidium* y corresponden a las especies centroamericanas. Son plantas epifitas, pequeñas, con rizoma alargado, tallos cortos y sin seudobulbos. Sus hojas son coriáceas y están comprimidas lateralmente. La inflorescencia es lateral con flores medianas y labelo soldado a la columna. Hay más de treinta especies en Florida, Bahamas, Antillas mayores, y en Cuba existen diez especies.

por Alejandro Taborda.

Tolumnia Plure Vision.

por Alejandro Taborda.

Tolumnia Nataly Wardford.

Género *Miltonia*

Este grupo presenta plantas de seudobulbos grandes con dos hojas apicales y dos basales, de donde parten las varas florales. Sus flores son grandes y generalmente perfumadas. Geográficamente, es posible distinguir tres tipos:

1. Miltonia flavescens: originaria del Brasil, Paraguay y la Argentina (Misiones). Tiene floración primavera / verano. Crece en condiciones diversas de sol, a mediana o gran altura. Es fácil de cultivar si tiene buen drenaje y riego. Es conveniente no dejar secar el sustrato. Sus flores son amarillo pálido y se dan en inflorescencia basal y racimosa larga.

2. Miltonias brasileñas: son flores con sépalos y pétalos delgados, labelo largo y abierto en su extremo. Requieren temperatura fresca por la noche y luz brillante. Ejemplo de este tipo son *Miltonia spectabilis, Miltonia clowesii, Miltonia candida, Miltonia cuneata*.

3. Miltonias colombianas: también denominadas "orquídeas pensamiento", están agrupadas dentro de las *Miltonopsis*. Estas flores poseen sépalos, pétalos y labelo formando un todo redondeado. Presentan una mancha en la base o garganta del labelo. Las flores pueden durar entre dos semanas y dos meses, pero no sirven como flor cortada. Se hacen híbridos de *Miltoniopsis* con *Miltonias* brasileñas y se generan bellos híbridos como *Beallara, Odontonia, Vuylstekeara, Wilsonara, Colmanara, Bakerara, Miltassia*.

por Alejandro Taborda.

Miltonia spectábilis var. moreliana.

por Alejandro Taborda.

Miltonia clowesii.

por Alejandro Taborda.

Miltonia regnellii.

por Alejandro Taborda.

Miltonia flavescens.

Miltoniopsis Rouge.

Cómo cultivar una *Miltonia flavescens* y una *Miltonia* brasileña

Temperatura:	*durante la noche una mínima de 5° a 10° C; y en el día una máxima de 35° a 38° C.*
Humedad:	*50 a 75%.*
Riego:	*toleran el secado entre riegos pero su frecuencia se debe aumentar en el verano.*
Iluminación:	*filtrada.*
Fertilización:	*si está en tronco debe ser de 20 20 20; pero en maceta de 30 10 10.*
Ubicación:	*son plantas que amacollan, con seudobulbos en todas direcciones y rizomas que se entrecruzan. Viven al exterior protegidas de heladas.*

Cómo cultivar una *Miltonia* colombiana

Temperatura:	*mínima nocturnas de 13° C, y máxima diurna de 27° C.*
Humedad:	*60 a 80%, en un medio bien húmedo.*
Riego:	*con agua de lluvia o mineral sin sales. No dejar secar el medio. Reducir el riego en floración.*
Iluminación:	*es conveniente mantenerla en semi sombra. En sus hojas el color ideal es verde-rosado.*
Ventilación:	*es clave, en especial en los meses cálidos. Evita la fungosis.*
Fertilización:	*constante, equilibrada. Cada dos meses aplicar calcio al sustrato.*
Ubicación:	*conviene usar macetas de plástico perforadas; y cambiar el medio una vez al año luego de la floración. Agregar a tres partes de corteza reducida en tamaño, una de perlita y una de musgo* Sphagnum. *También puede agregarse conchilla molida y algún funguicida mensualmente.*

Híbridos intergenéricos de Alianza *Oncidium*

Colmanara Wild Cat.

Beallara Marfitch x Tropical Splendor.

Burregeara Stephan Isler.

Burregeara Nelly Isler.

Vuylstekeara Cambria Plush.

CAPÍTULO
8

Otros géneros
de orquídeas
americanas

Capítulo 8
Otros géneros de orquídeas americanas

Desde los aztecas ya se conocían sus propiedades medicinales y aromáticas. LLevadas a Europa con el comienzo de los viajes comerciales y de investigación, surgieron las descripciones de nuevos géneros y especies por parte de los naturalistas y científicos europeos desde fines del siglo XVIII. En su mayoría son plantas de crecimiento simpodial.

Género *Catasetum*

Este género de orquídeas tiene plantas epifitas o semiepifitas que poseen seudobulbos gruesos, carnosos y revestidos de escamas tunicadas. Sus hojas son amplias, plegadas, con nervaduras bien marcadas e inflorescencias basilares en racimos. Respecto de sus costumbres son de invernáculo templado, necesitan buena luz y aireación, y pueden cultivarse en cestos o macetas suspendidas. Durante el período vegetativo y en el verano, en especial, requieren mucho riego, aun en las hojas. Luego, desde el otoño hasta la primavera, presentan un largo reposo de sequía.

Las inflorescencias masculinas son péndulas, compuestas por siete a veinte flores que poseen sépalos y pétalos lanceolados, amarillos o verdosos, con manchas rojas y labelo amarillo anaranjado o verdoso. Las inflorescencias femeninas son hojas rígidas, carnosas y verdosas con perfume.

Estas plantas pueden ser monoicas o dioicas. Son muy amacolladoras; y pueden dar dos inflorescencias por seudobulbo al año. Su floración se efectúa en primavera y principios del verano. Las flores masculinas expulsan fácilmente sus masas políneas.

Catasetum. *Planta monoica.*

Foto: Amalia Cicotti.

Especies del género *Catasetum*

En el Brasil y México hay unas treinta especies, pero en la Argentina, hay una sola: la *C. fimbriatum*, que se encuentra en Misiones, Jujuy y Corrientes. Esta orquídea es epifita, robusta, no posee hojas en el invierno y sus seudobulbos son fusiformes. También se la conoce como "casco romano". La *Catasetum pileatum* es oriunda del Brasil y Venezuela. Sus flores masculinas tienen, como mínimo, 30 cm de longitud; son de color blanco con matices verdes y amarillos. En el sur de Venezuela se encontró un híbrido natural denominado *Catasetum pileatum imperial Orinoco* que presenta un increíble color rojo y es muy buscado por los orquideólogos. Otros ejemplares de este grupo son *C. tenebrosum* y *C. globiflorum*.

Foto: Amalia Cicotti.

Foto: Amalia Cicotti.

Catasetum. *Flor masculina.*

Catasetum. *Flor femenina (Casco romano).*

Género *Cyrtopodium*

Este grupo de plantas epifitas y terrestres, comprende unas veinte especies dispersas en América, Asia y África. Poseen seudobulbos fusiformes provistos de hojas plegadas, flores en racimos que nacen del cuello de la raíz, sépalos y pétalos iguales aplanados, labelo de tres lóbulos, unguiculado y aplanado.

Son orquídeas que requieren de invernáculo: caliente durante su vegetación y templado en floración. Necesitan un medio con humus, martillo de hojas y algo de arena. Pierden las hojas y necesitan sequía invernal.

En la Argentina se conocen cuatro especies: *Cyrtopodium palmifrons, Cyrtopodium punctatum, Cyrtopodium brandonianum* y *Cyrtopodium hatschbachii.*

Cyrtopodium puntactum.

Microorquídeas y miniorquídeas

Bajo estos términos se agrupan diferentes géneros de orquídeas terrestres y epifitas, que comparten muy pocas características comunes, excepto su tamaño.

Se considera microorquídea a todo género o especie de orquídea que no posea más de 15 cm de altura y cuya flor no sobrepase 1 cm de diámetro. En tanto que miniorquídeas son aquellas cuyas plantas puede alcanzar hasta 20 cm de altura, y sus flores miden entre 1,5 y 4 cm.

Desde luego que dentro de géneros reconocidos por presentar especies robustas, pueden encontrarse algunas otras especies que bien encajan dentro de este tema: son los casos de *Laelia lundii, Maxillaria spegazziniana* y *M. vitelliniflora*, entre otras. Son más numerosas las especies epifitas y al parecer todas las miniorquídeas y microorquídeas halladas en cultivo provienen de América del Sur. Tienen la particularidad de poseer un rizoma trepador o reptante fuertemente adherido al sustrato, en su mayoría con raíces finas y numerosas, sin seudobulbo o bien con uno muy poco desarrollado. Todas presentan hojas carnosas, de lámina amplia, o aciculares y pequeñas.

Cómo cultivar microorquídeas y miniorquídeas

Existen especies para nivel inicial e intermedio de cultivadores de orquídeas. Otras son decididamente para expertos. Sin embargo se pueden mencionar algunos requerimientos generales.

Temperatura	Varía según el género y la especie.
Humedad	Necesitan de un porcentaje constante y elevado entre 70 y 85%. No toleran la ley del seco-mojado. La circulación del aire va acompañada del mantenimiento de la humedad.
Iluminación	No toleran el sol directo, la ubicación en su ambiente natural se observa en áreas sombreadas, o levemente expuestas (no más de dos horas de luz directa). La excepción son los géneros Masdevallia y Zygostates alleniana, que toleran condiciones expuestas.
Ubicación	Es ideal su cultivo en tronquitos, donde se deberá preparar previamente una cama de musgo verde sobre el cual se afirmarán las plantas. En el caso de Masdevallia se recomienda su cultivo sobre macetas de plástico, perforadas en su base y sus laterales. En las terrestres, el sustrato deberá ser suelto y aireado, con una capa superficial de hojarasca de 5 cm de espesor. También se puede ubicarlas en macetas de plástico, sin perforaciones laterales.

Masdevallia kimbaliana.

Masdevallia vin rouge.

Ornithocephalus myrticola.

Pleurothallis pectinata.

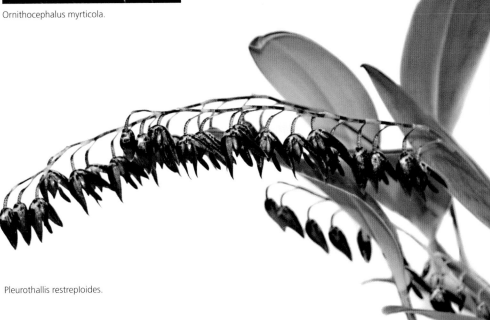

Pleurothallis restreploides.

Pleurothallis lineralifolia.

Masdevallia coccinea alba.

Dinema polybulbon.

Maxillaria spegazziniana.

Masdevallia Aquarius.

CAPÍTULO
9

Orquídeas
asiáticas

9 Orquídeas asiáticas

Fueron conocidas hace 2500 años por los chinos y japoneses y luego estudiadas por los científicos europeos.
Son las orquídeas asiáticas las más exóticas y de gran e impactante belleza. Están representadas en un 50% por plantas de crecimiento monopodial.

Género *Cymbidium*

Las *Cymbidium* son plantas de origen asiático, que crecen en zonas tropicales con el ritmo climático que imponen los vientos monzónicos. Si bien son fáciles de cultivar, se deben cumplir determinadas pautas para disfrutar de su floración.

Este género ha sido cultivado desde hace miles de años y a estas flores se las considera de reyes y emperadores. La obtención de híbridos en forma programada se comenzó a realizar a fines del siglo XX pero los híbridos miniatura son más recientes.

Por lo general, las *Cymbidium* son difíciles de propagar naturalmente, pero fáciles de producir en *nurseries*. Su cultivo se ha extendido por todo el mundo como planta de maceta y como flor de corte.

En la naturaleza, crecen entre la hojarasca y otros detritos en descomposición. Se conocen varios grupos de estas orquídeas entre los que se destacan tres que presentan similares condiciones culturales: el primero con origen en las tierras altas de la India y Birmania; el segundo grupo incluye las especies miniatura con origen en el Japón y la China; y el tercero incluye a las *Cymbidium* australianas.

Ventajas de la *Cymbidium*

- Es una de las orquídeas que es vistosa por su aspecto vegetativo, aun cuando no sea la época de su floración.
- Se convierte en una planta de importante porte en pocos años.
- Es una de las orquídeas que resisten temperaturas bajas.
- Se la puede cultivar en macetas o en jardines (siempre tomando recaudos de suelo, heladas, riego y sombra).
- Es muy florífera y sus flores permanecen lozanas por mucho tiempo.

Descripción morfológica

Sus raíces son de color blanquecino, gruesas (3 a 10 mm), largas y poco ramificadas. Las hojas son acintadas y tienen una longitud que puede variar desde los 30 cm al metro. Esta planta envuelve el seudobulbo quedando las hojas más viejas y cortas en la parte externa; y las más jóvenes y largas, en la parte central. Se considera un seudobulbo maduro cuando tiene más de diez hojas.

Las varas florales nacen a partir de las yemas florales de la base de las hojas en los seudobulbos. Produce varias varas florales por seudobulbo. Sus inflorescencias son racimos que pueden llegar a medir más de un metro, con diez a treinta flores cada una. Gracias a la gran cantidad de híbridos que existen se pueden observar colores muy diversos.

Cómo cultivar un *Cymbidium*

Temperatura	Toleran un amplio rango de temperatura, pero es preferible que no reciban más de 32° C. Incluso pueden recibir una escarcha ligera. La temperatura ideal es 27° C como máximo y un descenso de 10° C por la noche. La tolerancia a las distintas temperaturas se modifica cuando la planta está desarrollando las varas florales. Mucho calor produce deformidades en las flores y temperaturas muy bajas producen el aborto de los pimpollos.
Riego y humedad	Se debe regar lo suficiente en verano. A diario y con abundante cantidad de agua; esto lavará el exceso de sales y renovará el aire que ocupa los espacios libres en el medio para que las raíces respiren bien. Es por demás importante que el drenaje sea excelente. El medio deberá retener más o menos humedad según el lugar de cultivo y el tipo de maceta. Durante la época invernal se debe reducir el riego. Si las plantas están en el exterior y el invierno es muy lluvioso, se deberá protegerlas del exceso de agua. Cuando las flores comienzan a aparecer se debe incrementar el riego; los racimos de tamaño importante requieren de agua para llenar todos sus espacios, expandirse y durar. No se deben mojar las flores con el riego.
Iluminación	La luz es el factor individual más importante en la realización de un buen cultivo pues proporciona un robusto crecimiento. La falta de luz constituye la razón más común por la que las plantas adultas en tamaño de floración, no florecen. A las plantas se les debe dar tanta luz como sea posible, evitando que se produzcan quemaduras en las hojas. En la Argentina, es necesario proporcionarles entre 40 y 50% de sombra entre octubre y marzo; y en invierno, pueden recibir sol directo.
Ventilación	La buena ventilación ayudará a prevenir enfermedades y la aparición de manchas en las flores.
Fertilización	Después de la floración es conveniente activar el crecimiento vegetativo con una fórmula rica en nitrógeno (en los meses más calurosos se debe usar una fórmula de equilibrio; y en marzo aplicar una fórmula rica en fósforo). Por ser plantas semiterrestres se puede recurrir a un sistema combinado de fertilización orgánica durante todo el año y reforzar durante la primavera con fertilizante químico (durante la etapa de activo crecimiento). La futura formación de flores dependerá de las reservas que produce el seudobulbo, por eso no se debe exagerar con la nutrición, pues obtendrá una hermosa planta verde, pero nada más.

Cymbidium Apple Moon.

Cymbidium Marylin Monroe.

Cymbidium Lupine Curl.

Cymbidium *híbrido*.

Cymbidium *híbrido*.

Cymbidium Valley Zenith Spot.

Otros cuidados

La planta dará brotes, pero tiene la costumbre de exagerar, por eso se debe dejar un solo brote por seudobulbo. De lo contrario, si se deja que amplíe su tamaño vegetativo, no florecerá. Los seudobulbos viejos no se deben descartar, sirven de alimento para el resto de la estructura y pueden tener capacidad meristemática para originar una nueva planta.

Cultivo en jardines

Estas orquídeas se pueden cultivar en el jardín si el clima es benigno y el lugar elegido está reparado del sol en verano. Para su cultivo primero se deberá preparar el suelo. Para ello, se remueve una parte del suelo y se coloca una malla o un canasto para que el medio circundante no avance sobre el espacio dispuesto para la planta. Luego, se debe colocar en la base una buena capa de material que permita el drenaje. A continuación se distribuirán las plantas con un medio de corteza, carbón y algo de *Sphagnum*. El área se debe limitar con piedras o algún elemento similar para que las plantas queden algo más elevadas que el terreno natural. Es importante ser muy cuidadoso con los caracoles y las babosas. Si lo considera necesario, se puede organizar una malla antihelada.

Tabla de cuidados culturales

Cuidados	Primavera	Verano	Otoño	Invierno
Temperatura ideal para el día	21°C	24°C a 27°C	18°C a 24°C	11°C
Temperatura ideal de noche	11°C a 16°C	16°C	11° C a 13° C	11° C
Riego	Intermedio	Frecuente	Intermedio	Poco frecuente
Fertilización	30-10-10 los tres meses	30-10-10 mes 12 20-20-20 mes 1 20-20-20 mes 2	10-30-20 mes 3 20-20-20 mes 4 20-20-20 mes 5	20-20-20 los tres meses
Sombra	30% mes 9 30% mes 10 50% mes 11	50% mes 12 50% mes 1 50% mes 2	40% mes 3 30% mes 4 sin sombra 5	Sin sombra los tres meses
Ventilación	Leve mes 9 Buena mes 10 Buena mes 11	Buena los tres meses	Buena mes 3 Leve mes 4 Leve mes 5	Leve los tres meses
Húmedad relativa	Baja mes 9 Intermedia mes 10 Alta mes 11	Alta los tres meses	Alta mes 3 Intermedia mes 4 Baja mes 5	Baja los tres meses
Cambio de maceta	Se puede hacer todos los meses	Se puede hacer el mes 12, pero no en mes 1 y 2	No se puede hacer en ningún mes	No se puede hacer en ningún mes

Género *Dendrobium*

Las flores de este género son originarias del territorio comprendido entre Nueva Zelanda, el norte del Japón, y hacia el Oeste, a través del sudeste asiático, hasta la India y Sri Lanka. El grupo incluye plantas miniatura de 5 cm de alto que se pueden cultivar en bandejas de iluminación, hasta plantas de gran porte que requieren cultivo en invernadero o al aire libre en zonas tropicales.

Las flores tienen una duración excepcional, pueden ser muy pequeñas (que interesan a los más fanáticos y a los botánicos) o grandes y esplendorosas. En ellas, se puede encontrar todo tipo de color y, por lo general, el labelo presenta un color que resalta respecto del resto de la flor.

En algunas especies, las inflorescencias son terminales. Las flores nacen en un racimo suelto o en un denso ramillete. Pero en otras, sin embargo, aparece una serie de grupos de dos o tres flores que emergen del seudobulbo frente a las hojas.

Algunas *Dendrobium* son de hojas perennes. Otras son deciduas, es decir, que dejan caer todas sus hojas al terminar el período de cre-

cimiento. También existen especies parcialmente deciduas.

Dendrobium nobile.

Cómo cultivar un *Dendrobium*

Temperatura	La temperatura para cada especie debe armonizar con la original que tenía en estado silvestre. Las plantas de origen tropical, de zonas de poca altura, requieren 26° a 29° C durante el día, y 18° C por la noche. Las especies de zonas cálidas necesitan una temperatura de 21° a 24° C durante el día, y de 16° C por la noche.
Humedad	La mayoría de las especies requieren una humedad relativa de entre 50 y 70%, especialmente en la etapa de activo crecimiento.
Riego	Cuando están en activo crecimiento hay que regarlas copiosamente. Durante este período, los seudobulbos deben ser de consistencia firme, lozanos y sin arrugas. En tiempo cálido y soleado es conveniente regar cada dos días abundantemente (no olvidar estudiar las condiciones particulares del lugar de cultivo). Pero si las orquídeas están atadas a trozos de helechos o de ramas, se debe regar todos los días. A las plantas en pimpollo no puede faltarles agua (riesgo de abortar) y tampoco a aquellas en flor porque durarán menos tiempo. Siempre se debe procurar no mojar las flores cuando se riega. Cuando llega el otoño y el invierno, la frecuencia de riego debe disminuirse como en todas las plantas, pero la Dendrobium requiere ajustes particulares según las distintas especies.
Iluminación	Necesitan luz abundante. Si se cultivan en interior, es conveniente sacar las orquídeas al exterior en verano para que reciban más luz. El éxito de la floración dependerá en gran parte de la formación de robustos seudobulbos, y para esto se requiere mucha luz. Prefieren recibir el sol de la mañana y nunca el del mediodía o de la tarde temprana.
Fertilización	Las plantas grandes requieren bastante nutrición cuando están en crecimiento, cuando disponen de un buen sistema radicular y cuando reciben bastante luz. Si se cultivan especies miniatura, la fertilización debe ser proporcional al tamaño, es decir, menor concentración de fertilizante, menor frecuencia. Cuando estas orquídeas están inactivas no requieren fertilización. La aplicación de fertilizante rico en fósforo dependerá del tiempo de floración. En estas condiciones es conveniente aplicar dos veces al mes una solución diluida de fertilizante equilibrado (20 20 20) y un fertilizante rico en nitrógeno (30 10 10). Pero si la planta se cultiva sobre soportes en lugar de maceta, la fertilización puede hacerse una vez por semana.
Transplante	Quizás el aspecto individual más importante del cultivo de este grupo es el transplante correcto. Casi universalmente prosperan mejor en un pote más pequeño que el tamaño de la planta. En la mayor parte de las especies, los nuevos brotes se originan muy cerca del retoño previo. Por lo tanto las plantas no se salen del recipiente, ni siquiera si éste es muy pequeño. Las Dendrobium resisten la conmoción causada por los transplantes mucho más que la mayoría de las orquídeas. El pote ideal es justo lo suficientemente grande como para acomodar, durante un lapso de tres a cuatro años, las apretadas macollas de retoños. Las condiciones ideales para el transplante se dan cuando aparece por primera vez el "collar" de raíces (si ese tiempo pasa será más perjudicial para la planta). La mejor época para transplantar es en primavera cuando la mayoría de las Dendrobium comienza a crecer (por eso el transplante no debe hacerse durante el período de reposo o dormancia).
Medio de cultivo	Se puede usar el que satisfaga las necesidades de las raíces de la mayor de las especies de orquídeas epifitas que se cultivan en macetas, debiendo ser más bien de textura fina pero de drenaje perfecto.
Drenaje	Un pote pequeño más un medio de rápido drenaje dan como resultado excelente crecimiento radicular y pocos transplantes. Dado que algunas especies crecen a lo alto y otras lo hacen en forma arqueada, es conveniente colgar los potes pequeños evitando así que se vuelquen por problemas de equilibrio o de sobrepeso. Además, al estar colgados se facilita el drenaje y la iluminación es más pareja. Las especies de menor tamaño son fáciles de cultivar en trozos de helecho arborescente, corcho, pedazos de rama y rastros de palmeras. Es conveniente acompañar las raíces con un manojo de Sphagnum para conservar mejor su humedad.

Especies del género *Dendrobium*

El número de especies del género *Dendrobium* es aproximadamente mil seiscientos. Las variantes dependen de la temperatura, del clima (desde tropical hasta frío) y de las consecuentes variaciones de humedad. Por ello, no todas las especies se cultivan de la misma manera.

Las diferentes especies de orquídeas se agrupan en secciones y a continuación se describirán las características de cada grupo.

Sección *Dendrobium*

Dentro de esta categoría se encuentran la *Dendrobium nobile, D. anosmun, D. aphyllum (pierardii), D. moniliforme, D. moschatum, D. parishi, D. amesthytoglossun, D. secundum* y *D. Miss Biwako*. Todas son plantas de hojas caducas que florecen en primavera y a comienzos del verano. Tienen, alrededor del seudobulbo, grupos de flores en un escapo floral corto.

La *Dendrobium* nobile crece en los árboles, y es accesible y fácil de cultivar. En invierno no hay que regarla si se cultiva en el exterior, pues así se incentiva la floración. Florecen a partir de agosto hasta el verano.

Dendrobium stardust.

Dendrobium sulawesiense.

Dendrobium speciosum.

Dendrobium nobile.

Sección *Callista*

Los ejemplares de esta sección se caracterizan por tener hojas persistentes y flores de coloración blanco amarillenta. En su mayoría tienen inflorescencia péndula y florecen en primavera. Es importante tener en cuenta que se recomienda cultivarlas en canastos grandes colgantes. También requieren de riego abundante en la etapa de crecimiento, y luego dos meses de reposo con poco riego y solo pulverizaciones con bajas temperaturas. Para obtener en primavera una buena floración es clave que tengan buena luz. Dentro de esta categoría se encuentran la *Dembrobium lindeyi (D. aggregatum), D. amabile, D. chrysotoxum, D. densiflorum, D. farneri* y *D. thyrsiflorum.*

por Alejandro Taborda.

Dendrobium thyrsiflorum.

Sección *Dendrocoryne*

Estas son plantas de temperaturas frías e intermedias, en combinación con alta intensidad de luz. A diferencia de otros tipos, estas especies deben mantenerse más secas. La *D. speciosum* (actualmente denominada *Dendrocoryne speciosum*) es una especie robusta originaria de la costa este de Australia. Sus seudobulbos pueden tener hasta 1 m de longitud. Sus flores son racimos suspendidos que pueden tener hasta cien flores de color blanco o amarillo con pintas púrpura en el labelo. Tiene floración primaveral y su cultivo debe ser en lugares frescos, con mucha luz en invierno. Dentro de esta sección también se hallan la *Dendrobium kingianum* y la *Dendrobium speciosum.*

por Alejandro Taborda.

Dendrobium phalaenopsis.

Sección *Spatulata*

Estas orquídeas son originarias de Papúa Nueva Guinea (Oceanía). Son las *Dendrobium* cuyas flores tienen bordes rizados y los pétalos se retuercen para asemejarse a la cornamenta de los antílopes, de allí que este grupo se lo denomine *"Dendrobium antílopes"*. Para su cultivo necesitan temperaturas cálidas y alta iluminación. Entre ellas se puede mencionar a *D. striatotes* y *D. antennatum.*

Sección *Phalaenopsis*

La planta *D. biggibum (D. phalaenopsis),* al igual que sus híbridos, es muy fácil de cultivar y posee abundante floración. Responde al régimen seco-mojado, crece en condiciones de calor, aireación y luz brillante y requiere temperaturas de entre 10° y 35° C. Sus flores son de larga duración (hasta tres o cuatro meses), presentan variados colores y están acomodadas en espigas terminales: salen a ambos lados alternadas y mirando hacia el mismo sitio. Las espigas se deben cortar entre 1 y 2,5 cm, tendiendo cuidado de no dañar los seudobulbos que vuelven a florecer.

por Alejandro Taborda.

Dendrobium antenatum.

Género *Paphiopedilum*

Este género presenta las flores más raras dentro de la familia de las orquídeas. Como la mayoría de las plantas exóticas su origen es asiático. Se caracterizan por tener dos estambres fértiles y porque el polen no se agrupa en políneas. Además, poseen ciertas particularidades que hacen de estas orquídeas un grupo singular.

Características del género	Características de las plantas
• No se lo puede clonar, hasta el momento. • Sólo se obtiene de semillas. • Los ejemplares son principalmente terrestres. • Sólo alguna especie puede encontrarse epifita.	• Son de tamaño moderado. • Sus hojas son tiesas y con aspecto de correas; se dan en roseta, y poseen color verde brillante o verde moteado. • Tienen poco o ningún tallo.

Características de la flor

- Del centro de cada retoño se levanta la inflorescencia que lleva de una a pocas flores.
- Se caracteriza por tener el labelo en forma de bolsa y el sépalo dorsal ensanchado y vertical como un estandarte.
- Los otros dos sépalos, en general, quedan detrás del labelo.
- Los pétalos laterales toman aspectos muy diversos.
- La flor es grande, con contextura cerosa, y puede durar abierta hasta seis semanas.
- Su época de floración es desde otoño hasta el invierno, pero con los híbridos se extendió este tiempo a dos o más veces al año.

Cómo cultivar un *Paphiopedilum*

Para su cultivo estas plantas se dividen en dos grupos: *Paphio* de hojas moteadas y Paphio de hojas verdes. El primer grupo crece en climas cálidos y el ejemplar más famoso es el *Paphiopedilum maudiae*. En cambio, el segundo crece en climas fríos.

Paphiopedilum Vodoo Magic.

Paphiopedilum Pinnochio.

Paphiopedilum sukhackullii.

Paphiopedilum Winston Churchill.

Paphiopedilum Sweet Night Summer.

Paphiopedilum insigne.

Dentro de la familia de las *Paphiopedilum*, se encuentra la versión americana que presenta plantas grandes, que se deben proteger en invernadero durante el invierno y se cultivan de igual manera que las *Paphio* de hojas moteadas.

Paphiopedilum primulinum forma alba

Phragmipedium Andean Fire

Temperatura	*Las Paphio de hojas verdes requieren una temperatura nocturna de 10° a 13° C. En cambio, las de hojas moteadas necesitan una temperatura nocturna de 16° a 18° C. En ambos casos, las temperaturas diurnas deben oscilar entre los 21° y los 27° C. Sin embargo, si la planta pasa por períodos cortos, a más o menos temperatura, no se daña.*
Humedad	*Requieren de una humedad moderada de 40 a 50%.*
Riego	*Precisan de un suministro constante de agua. Aquí no tiene sentido el seco-mojado (tampoco el encharcado). Si la planta se cultiva en corteza, se deberá sumergir totalmente la maceta hasta que la corteza se sature de agua; es preferible usar un medio con mejor retención pero nunca empapado. Se deberá acondicionar la frecuencia de riego al medio que se utilice y al ambiente en que se encuentra la planta.*
Iluminación	*Necesitan poca luz. Por los requisitos de luz, de humedad y el tamaño peque-ño que presenta es una planta excelente para cultivo baja luz artificial.*
Ventilación	*Como todas las orquídeas este género requiere buena ventilación, pero como este grupo no tiene seudobulbos, no se pueden colocar en la mampostería de una ventana o en un balcón alto sin protección.*
Fertilización	*Como se las cultiva en un medio orgánico, estas orquídeas requieren fertilizan-tes ricos en nitrógeno. Para ello, se debe diluir el fertilizante a la mitad respecto de las otras orquídeas. Como el medio orgánico retiene muchos compuestos, es conveniente lavarlo abundantemente en forma periódica, y fertilizar cada semana en primavera y verano, y cada quince días en otoño e invierno.*
Transplante	*Si bien es útil seguir las reglas generales para cualquier orquídea, las Paphio necesitan un medio fresco, incluso estando en pimpollo, pues no tienen la com-plicación de otras plantas que deben transplantarse en un momento preciso para no correr riesgos. Como medio es conveniente usar corteza de pino lavada bien pequeña para que retenga la humedad y agregarle un poco de compost. Cuando se realice el transplante, hay que verificar que la planta quede firme-mente atrapada en el medio y que las hojas estén sobre el medio.*

CAPÍTULO
10

Orquídeas
asiáticas:

Alianza *Vanda*

Capítulo 10 | Orquídeas asiáticas: Alianza *Vanda*

La Alianza Vanda comprende orquídeas de invernáculo caliente a cálido, también llamadas "Vandáceas". Entre las especies de este grupo se han obtenido numerosos híbridos que van desde pequeña talla hasta un gran tamaño (9 m).

A este alianza pertenecen la *Vanda* (India, Indonesia, Taiwán, Australia, Filipinas); *Ascocentrum* (Asia, Filipinas); *Aerides* (Asia, excepto Filipinas); *Arachnis* (sudeste de la China y Malasia); *Angraecum* (Madagascar); *Neofinelia* (China, Japón, Corea); *Renanthera* (sudeste de Asia hasta Filipinas) y *Rynchostylis* (India hasta Filipinas).

Aerides odorata.

Vanda híbrida.

Vanda lamellata.

Renanthera monachica.

Angraecum scottinaum.

Jumellea comorensis.

Renanthera philippinensis.

Aerangis citrata.

Género *Vanda*

El género *Vanda* es el más conocido dentro de esta alianza y presenta el mayor número de híbridos en las cruzas íntergenéricas.

Una de las características de este grupo es que son de crecimiento monopodial, con tallo grueso. Se conocen dos clases: *Vandas* con hojas tira de cuero, que requieren luz indirecta y clima fresco cálido; y *Vandas* con hojas terete que necesitan sol directo y clima templado.

La primera clase posee flores simples, con sépalos y pétalos iguales o a veces sépalos más anchos. La inflorescencia también es simple, erecta, con las flores dispuestas de tal forma que todas quedan a la vista. Su labelo es corto, trilobado, con un nectario también corto. Sobre el labelo se dibuja en relieve el camino al nectario. Dentro de esta categoría se encuentran las siguientes especies:

Vanda sanderiana: (hoy en día *Euanthe sanderiana*) es la especie media del 95% de los híbridos. Son plantas robustas, de flores grandes, bicolores. Requieren temperaturas nocturnas no inferiores a 23° C, luz indirecta y humedad elevada.

Vanda coerulea: es una especie que interviene en gran parte de la formación de híbridos. Sus flores son grandes, de color azulado o violáceo. Requiere temperaturas frescas a templadas (no menos de 15° C por la noche).

Ascocenda: (híbrido de *Vanda x Ascocentrum*) es de fácil cultivo y de gran adaptación. Florece varias veces al año.

Dentro del segundo grupo se ubica la especie *Vandateres*, hoy clasificada como género *Papilionanthe teres*. Posee hojas y tallos cilíndricos (terete) y las flores parecen mariposas de color rosado. El tallo, que puede alcanzar 2,5 m, es débil y debe llevar tutor. Necesita sol, humedad y riegos abundantes. En muchas partes del mundo se usa como cerco vivo.

Vanda coerulea.

Cómo cultivar una *Vanda*

Temperatura	Tolera una mínima nocturna de 16° C, y una máxima diurna de hasta 38° C.
Humedad	Constante, no debe secarse el ambiente, debe oscilar entre 80 y 90%.
Riego	Constante, en verano dos o tres veces al día.
Iluminación	Filtrada o luz brillante. En las especies de hojas terete es conveniente sol directo.
Ventilación	Necesita una permanente circulación de aire.
Fertilización	La requieren todo el año. Es ideal la fertilización con fertilizante líquido y al regar. Se debe aplicar antes de que las raíces tomen un color verde oscuro. No usar productos ricos en nitrógeno porque en las Vandáceas inhiben la floración. Usar 20 20 20 y para floración 10 50 10.
Ubicación	Se usan canastos colgantes pues poseen raíces muy largas. No deben llevar casi medio de cultivo, sólo algo de carbón. Donde la temperatura nocturna no descienda de 15° C, se pueden ubicar en árboles y protegerlas con tela antihelada, si baja la temperatura.

Género *Phalaenopsis*

Las orquídeas del género *Phalaenopsis* figuran entre las de más fácil cultivo y son de las más bellas. Asimismo, pueden florecer durante tres meses o más y a veces dos veces al año. El nombre *Phalaenopsis* proviene del griego y significa "mariposa" por el parecido de sus flores con este insecto. Este género se distribuye desde Asia hasta Filipinas, Papúa Nueva Guinea y parte de Australia. En esos lugares el tiempo es cálido y húmedo. Las *Phalaenopsis* son epifitas en su ambiente natural y las especies son muy escasas. Existen numerosos híbridos fáciles de adquirir en el mercado local, obtenidos en laboratorio en cultivo *in vitro*. Se trata de plantas de crecimiento monopodial, con reservas nutritivas en sus hojas y raíces, pues carecen de seudobulbos. Poseen la ventaja de que, una vez abiertas sus flores, si se las corta a partir del tercer nudo, la planta puede reflorecer y hasta pueden surgir keikes. Sus raíces son gruesas y largas. Las flores son planas con un delicado labelo trilobado dispuestas en larga inflorescencia.

Cómo cultivar una *Phalaenopsis*

Temperatura	Soporta altas temperaturas con alta humedad. Es ideal para cultivo en departamentos. De noche hay que abrir ventanas para bajar la temperatura. En verano se saca al exterior sin colocarla bajo el sol directo. Son plantas de interior, llamadas "orquídeas de cocina" pues necesitan como temperatura nocturna de 13° a 15° C. En abril ya se deben colocar en interior.
Humedad	Requiere 60 a 80 % de humedad ambiente, en especial durante su floración. Se deberán rociar pero también colocarlas sobre un plato con piedras y agua
Riego	Se debe esperar a que seque el sustrato entre regadas. Reducir en invierno la frecuencia y aumentarla en los meses cálidos. Es mejor regar con agua de lluvia o destilada.
Iluminación	Necesita lugar luminoso pero nunca sol directo. Hay que tener cuidado cuando se la acerca a ventanales. En abril, se le debe dar un golpe de luz y frío de noche (shock térmico, alrededor de 13° C).
Ventilación	Es un factor clave, pues la atacan cochinillas y hongos.
Fertilización	Necesita fertilización continua. En primavera y verano se debe fertilizar cada quince días y en otoño e invierno cada treinta. Usar fertilizante nitrogenado para el crecimiento y shock de fósforo dos meses antes de la floración. Todo el año se puede fertilizar mensualmente con fertilizante orgánico a base de microorganismos.
Enfermedades	La más común en este género es la Pseudomona cattleya que es más frecuente en invierno y ataca el cuello de la corona. Esto se produce cuando al regar se deja agua en esa zona.

Rebrote de la vara floral

El rebrote de la vara floral es común en las *Phalaenopsis* de primavera, pero no en las de verano. Se debe cortar luego del tercer nudo para que la planta produzca una segunda floración. Lógicamente, así se somete a la planta a un doble esfuerzo, por lo que puede agotarse si no está bien fertilizada y en las mejores condiciones de cultivo.

Especies del género *Phalaenopsis*

Las siguientes son algunas de las especies más comunes de *Phalaenopsis*: *P. amabilis* (blanca, muy usada para híbridos, tolera buen nivel de luz); *P. amboinensis* (color crema con manchas marrones); *P. bellina* (color verdoso, florece en verano); *P. cornu-cervi* (porte pequeño, color amarillo); *P. equestris* (flores pequeñas, compactas, de lila a rosa, da lugar a híbridos multiflora); *P. fascista* (flores amarillas con manchas marrones); *P. gigantea* (hojas de más de 1 m, flores amarillas con marrón); *P. lueddemanniana* (color blanco con rayas concéntricas rosas, fuerte fragancia); *P. manni* (flor amarilla con marrón, cerca de setenta flores por vara); *P. schilleriana* (color rosada, da buenos híbridos); *P. stuartiana* (muy florífera, con puntos); *P. violacea* (hay dos tipos: 1. Malaya: color rosado intenso; y 2. Borneo: verdoso, con centro rosado, florece en verano, suave fragancia). Cada año aparecen miles de híbridos nuevos, muchos provenientes de Taiwán (China). Existen híbridos intergenéricos como *Doritaenopsis* (*Phalaenopsis x Doritis*).

Phalaenopsis híbrida.

Phalaenopsis Ever Spring Prince.

Phalaenopsis sanderiana.

Phalaenopsis sanderiana.

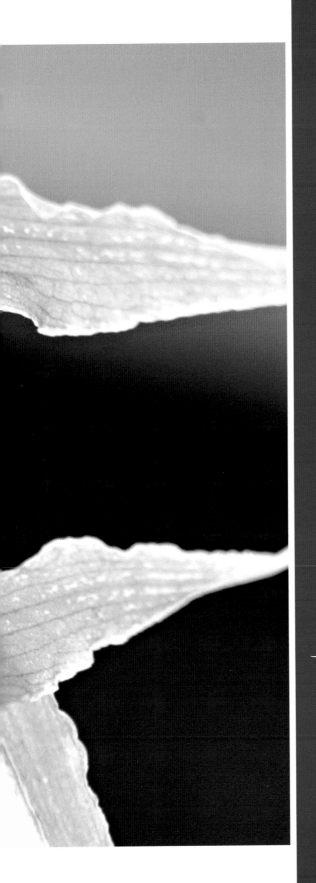

CAPÍTULO
11

Calendario de
tareas para el
cultivo de
orquídeas

Capítulo 11
Calendario de tareas para el cultivo de orquídeas

Todas las orquídeas, más allá de sus géneros y especies, requieren diversas tareas de mantenimiento a lo largo del año. A continuación, se puntualizan las labores principales que se deben llevar a cabo.

Estas recomendaciones se aplican a todo el hemisferio sur.

Enero

Enero no es época para transplantes. Pero si no tiene alternativa, es importante asegurarse de que la planta tenga suficiente humedad, pues deberá suspender el riego. Para ello, se puede recurrir a lo siguiente.

Bolsa de polietileno con perforaciones para la ventilación.

Maceta invertida o ladrillo viejo.

Bandeja con leca o similar y agua.

Recomendaciones generales

- El sol y la temperatura, junto con las babosas, son los peores enemigos de las orquídeas. Las plantas pueden estar expuestas al sol tibio de la mañana temprano, pero no al del mediodía ni al de la tarde.
- Si no se dispone de sombra natural, se puede recurrir a la media sombra.
- El riego nocturno ayuda a bajar la temperatura de las raíces. Mojando abundantemente los alrededores (pisos y paredes) se baja la temperatura ambiente.

Recomendaciones específicas

- Los géneros *Phalaenopsis* y *Paphiopedilum* de hojas veteadas, se deben mantener siempre a la sombra de algún árbol o arbusto.
- Las orquídeas del género *Miltoniopsis* deben colocarse en un lugar húmedo y fresco, por ejemplo, entre helechos.
- Los géneros *Cymbidium* y *Dendrobium* necesitan abundante riego.

Fertilización

La mayoría de las plantas están en activo crecimiento, por lo cual es conveniente fertilizarlas de acuerdo con las siguientes fórmulas.

- La fórmula del equilibrio (20 20 20).
- La fórmula rica en nitrógeno (30 10 10).
- La fórmula rica en fósforo (10 30 20), para aquellas en las que se espera la floración en otoño (*Pleurothallis, Oncidium cebolleta, O. jonessianum*, entre otras).

Plagas

El calor y la humedad propios de la estación provocan la salida de las babosas. Los áfidos (pulgones) sienten una enorme atracción por los brotes nuevos de las plantas y también las cochinillas. Con la humedad también aumenta la posibilidad de hongos y bacterias. Hay que recordar que donde pasó un "bicho", no importa lo pequeño que sea, éste deja una herida. El exudado de la planta causado por esas heridas es un foco de atracción para los hongos. Es importante revisar con cuidado las plantas, en busca de plagas. Si es necesario, realizar pulverizaciones o aplicar un tratamiento preventivo. No se deben hacer cócteles de productos. Registrar en forma escrita el tratamiento y los días de aplicación para evitar errores que puedan perjudicar a la planta.

Febrero

Este mes suele ser de elevadas temperaturas, pues la luz del sol sigue siendo muy fuerte. Por eso las plantas deben permanecer bajo la media sombra si no se dispone de sombra natural.

Fertilización

Como se ha dicho, en épocas de calor es más conveniente fertilizar los productos más diluidos y en forma más continua.

Este es un mes ideal para empezar a reducir el aporte de nitrógeno en la fertilización de las *Dendrobium* tipo *Phalaenopsis*, que empiezan a formar sus yemas florales.

En las *Cattleya*, que florecen en el otoño temprano, hay que evitar que sus flores se salpiquen, pues los fertilizantes las manchan.

Los géneros *Phalaenopsis y Paphiopedilum* de hojas manchadas deben seguir a la sombra, y se puede reforzar la fertilización con cerveza envejecida o con aguamiel, como indica el esquema.

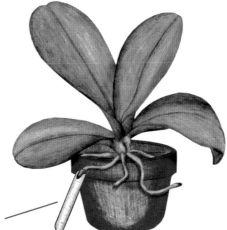

Raíz aérea colocada dentro de un tubo de ensayo pequeño con la cerveza envejecida al aire o aguamiel.

Recomendaciones generales

- Tener cuidado con la desecación, los medios pierden agua rápidamente y más aún en las plantas que están sobre soportes. Controlar y regar, pero sin exagerar.
- Si el lugar de las plantas es el interior, deben estar alejadas de las ventanas. Los cristales actúan como lupa e incrementan la intensidad de los rayos solares.

Marzo

El sol ya no es tan fuerte, y son menos las horas de luz. Se debe ir controlando la permanencia de la media sombra. Si se dispone de sombra natural, observar por la pérdida de las hojas, cómo va cambiando el giro del sol y la densidad de la sombra.

Recomendaciones generales

Marzo es un período de floración, así es que irán asomando las varas florales, pueden ser guiadas de manera que las flores queden bien expuestas. Hay dos cosas que se deben tener en cuenta respecto de las flores:

- No dejar que tomen contacto con las hojas de la planta porque se puede perder parte de la vara floral o de las flores (en general en su hábitat natural no ocurre).
- Tampoco se debe cambiar de posición la planta para que reciba siempre la misma cantidad de luz y las flores se dispongan en cascada.

Recomendaciones específicas

Muchas *Cattleya* ya tienen pimpollos, puede ser necesario abrir con un bisturí (o similar) las espatas florales para que el exceso de humedad no arruina la flor.
En *Vanda sanderiana, Miltonia spectabilis y M. blunti* (híbrido) aparece la vara. Para las *Dendrobium* tipo *Phalaenopsis, Laelias* otoñales, algunas y *Pleurothallis, y Oncidium* como *O. cebolleta* y *O. jonessianum*, es época de floración, es decir, el momento de disfrutar de sus bellas flores.

Abril

Generalmente, se trata de un mes tibio, sin embargo, no es raro que haya algunos fríos repentinos. Los aficionados que recurren al uso del invernáculo deben realizar los preparativos para tenerlo apunto, como:

- Revisar las instalaciones: calefactor, cañería, combustible, ventiladores o ventiletes, y rajaduras que impliquen una fuga de temperatura.
- Realizar una buena limpieza y desinfección, antes de acomodar en su interior las plantas.

Riego

Se debe empezar a reducir el riego, pues por lógica el medio se seca menos. Además, la planta necesita menos agua porque comienza a usar sus reservas de hidratos de carbono y agua almacenada durante el verano, para poder florecer.

Fertilización

Conviene hacer un replanteo sobre la aplicación de fertilizantes, pues las plantas entran en reposo.
La frecuencia debe ser reducida y hay que utilizar una fórmula de equilibrio, teniendo en cuenta también aplicar la fórmula de inducción a la floración (rica en fósforo) a la planta que corresponda (o sea a aquellas de las que se espera su floración entre junio y julio). Por ejemplo, a las *Dendrobium* tipo *nobile* hay que colocarlas en un lugar con mucha luz, en lo posible al sol y realizar un riego mesurado.
Cattleya luteola, Laelia Pumila, varias *Encyclias* y *Epidendrum Sophronitis coccinea*, alguna *Phalaenopsis* de flores pequeñas, *Catasetum* (es de porte importante y tiene la característica de producir ramas de flores femeninas y ramas de flores masculinas), florecen en esta época.

Recomendaciones específicas

Las *Paphipedilum, las Phaleanopsis* y las *Vandas* (y todas las orquídeas de clima cálido) tienen que pasar a un lugar más resguardado pero siempre bien ventilado. También se puede ir planificando cómo proteger las plantas que queden en el interior todo el año.

Mayo

Para este mes, la mayoría de las plantas ya deben estar en un área protegida: en el invernadero o dentro de la casa, pero siempre en un lugar reparado de las heladas, grandes fríos y vientos fuertes.

Recomendaciones generales

Para discernir sobre qué planta va en cada lugar, hay que tener en cuenta las condiciones requeridas por cada una y la región geográfica en la que se la está cultivando. Por ejemplo, en el área de Buenos Aires, las *Phalaenopsis* deberán estar en interior desde abril hasta octubre. Las *Oncidium bifolium* pueden permanecer al exterior todo el año, con la simple protección de otra planta contra las posibles heladas.
En el caso de mudar las orquídeas, es necesario tomar algunas medidas previas.

- Revisar que la planta no presente signos de insectos o plagas (reverso de la hoja, debajo de las brácteas secas, ángulo de unión de la hoja con el tallo o seudobulbo).

- Distribuirlas adecuadamente para que reciban bien la luz necesaria y buena ventilación, no cambiarla de posición salvo que sea estrictamente necesario y especialmente si ya asomó la vara floral.

Riego

El riego debe reducirse; en esta etapa es importantísimo no cometer excesos y se seguirá un patrón distinto si las plantas están en el invernadero o si están en un ambiente expuesto:

- En el invernadero se debe procurar la humedad ambiente y cuidar al máximo que no se acumule agua residual en rincones que originan desarrollo de hongos y bacterias.

- En las plantas expuestas se compensa la falta de humedad con riego, pero teniendo mucho cuidado.

Es conveniente regar en las horas más tibias (10 a 12 a. m.), no regar si el día es frío, gris y ventoso. Procurar que las raíces no estén muy mojadas cuando cae la noche. La capa de aire del esponjoso velamen las protege del frío, si el velamen está bañado en agua es un excelente conductor de las bajas temperaturas de la noche.

Hay que reducir o directamente eliminar el riesgo de las *Cymbidium*: la sequedad junto con mucha luz y la amplitud térmica entre el día y la noche son necesarias para que florezcan.
Las plantas en invernadero se deben ventilar en mañanas y mediodías tibios, abriendo las puertas y ventanas.

Fertilización

En cuanto a la nutrición, es época para productos de equilibrio (20 20 20), sin perder la línea de fertilizante (10 30 20) para aquellas que florecerán en los próximos dos meses, como por ejemplo algunas *Vanda, Cymbidium* y *Oncidium,* como *O. ornithorrinchum.*
En esta época se espera la floración de *Laelia anceps, Cattleya.* Y las *Sophronitis coccinea* y *S. cernua*, continúan la floración.

Junio

Se aproxima el día más corto del año, se siguen reduciendo las horas de luz y la intensidad de los rayos solares. Si se ha recurrido al uso de media sombra en verano, es el momento de quitarla por completo; si la planta está debajo de un árbol o arbusto de hojas perennes, habrá que procurarle un lugar más iluminado.
Se debe tener presente que todos los problemas de luz se pueden resolver con luz artificial, por lo tanto antes de hacer grandes cambios es conveniente plantearse esta posibilidad.

Recomendaciones generales

Con los días más cortos también vienen los días más fríos, pero sobre todo las noches más frías. Se deben proteger las plantas de las heladas, sin recurrir al invernadero. Para ello, se puede utilizar malla antihelada, que es similar a la media sombra, blanca y muy liviana, y se coloca con unos pocos soportes o alambres. Si el día es muy gris y frío, se deja puesta, de lo contrario se saca y se vuelve a colocar al atardecer. Esta recomendación es válida para las plantas que no requieran climas tropicales; si se dejara una *Phalaenopsis* en el exterior, la malla antihelada no impedirá que la planta muera. En cambio, para aquellas orquídeas que resisten temperaturas de entre 5° y 7° C, el uso de la malla es suficiente protección. Si las plantas se encuentran dentro de la casa o en el invernadero, se debe procurar que no toquen los vidrios, pues el frío pasa a través de ellos y puede helarlas.

Hay que cuidar las condiciones del invernadero. Si al entrar se tiene la sensación de no poder respirar, es casi seguro que las plantas perciben lo mismo.

Recomendaciones específicas

- En la *Cattleya* es necesario ir removiendo las vainas viejas con cuidado de no dañar las yemas florales, ya que pueden originar pudrición por condensación de la humedad.

- Las *Phalaenopsis* tienen varas en crecimiento, por lo que son delicadas. Hay que regarlas con cuidado para no dañaras. Es importante ver cómo se pondrá la estaca a la espiga de floración, para que se presente con todo su esplendor cuando abran las flores.

- Si la *Paphiopedilum insigne* y sus híbridos ya florecieron, hay que procurar que el labelo no se llene de agua. Estas orquídeas, a diferencia de todas las otras, pueden ser transplantadas en esta época. En realidad no hay un tiempo peligroso para el transplante de las *Paphiopedilum*, responden muy favorablemente al medio fresco aún en floración.

- Las *Cymbidium* se deben proteger de las lluvias si el clima es muy húmedo. Hay que mantenerlas bien ventiladas, ya que pueden instalarse plagas entre las plantas.

- En las *Dendrobium* tipo *nobile* se debe suspender totalmente el riego durante este mes y el mes de julio, salvo que se note deshidratación de sus seudobulbos. Además deben seguir estando en un lugar con mucha luz, en lo posible con sol de mañana.

Fertilización

Fertilizar con una fórmula de equilibrio, más espaciadamente. También se debe recordar la fertilización 10 30 20 para las que florezcan en los próximos dos meses, y la 30 10 10 para aquellas plantas que tuvieron su floración en otoño. Se las puede ayudar a reponerse del desgaste que implica la floración utilizando fertilizante más rico en nitrógeno, pero no administrando con la frecuencia del verano.

Las *Cattleya, Paphiopedilum* y algunas *Maxillaria* siguen floreciendo.

Julio

En general para la Argentina no importa en qué provincia se trate, julio es el mes mas frío. Las plantas no necesitan grandes tratamientos en esta época, sin embargo, se debe seguir con los cuidados por las bajas temperaturas, sin descuidar lo relativo a la luz y la humedad.

Recomendaciones generales

En plantas que necesitan mucha luz, como las *Vanda*, se puede recurrir a la iluminación artificial. Sin embargo, las plantas necesitan de la noche, por lo tanto no hay que dejar la luz prendida las 24 horas. Las plantas que están en flor o en pimpollo necesitan humedad en sus raíces para mantener turgentes las flores y que puedan seguir desarrollándose los pimpollos. Sin embargo, hay que regar lo estrictamente necesario para no ahogar las raíces, asegurar humedad para que se conserven lozanas las flores, y no regar sobre ellas para que no se manchen. Para las plantas que están dentro de la casa se puede usar una bandeja con leca o trozos de maceta rota y agua, sobre la cual se coloca un pequeño pedestal para apoyar la maceta. De esta manera, se evita el contacto directo de la planta con el agua, pero queda rodeada de una atmósfera con un alto porcentaje de humedad.

Recomendaciones específicas

- Las *Cymbidium* y las *Dendrobium nobile* deben seguir recibiendo riego reducido. Si la planta comienza a abrir sus flores, el riego debe incrementarse y puede que requiera una compensación con nutrientes, para recuperar la energía que la planta emplea para la floración.

- En este mes, la mayor parte de las *Zygopetalum* pasó su época de floración. Para promocionar los nuevos crecimientos es conveniente un cambio de medio y de ser necesario, de maceta. *Laelia crispa*, *L. anceps*, *M. flava* y algunas *Maxillaria* florecen en esta época.

Agosto

Continúa la época fría y todavía es poca la cantidad de luz. Hay que tener cuidado con los excesos de calefacción, es importante ventilar regularmente. Aunque no sea visible, la mayoría de las plantas está en su mayor esfuerzo, preparándose para la floración.

Recomendaciones específicas

- En las *Cattleya* que florecen en primavera, la baja intensidad de luz puede producir que las espigas florales sean débiles, por eso deben recibir suficiente luz. Si piensa comprar una *Cattleya*, es esta la mejor época del año para que se vayan aclimatando a su nuevo hábitat. Es posible que la planta requiera fertilización ocasional, siempre sin tocar las flores.

- Si la *Paphiopedilum* muestra indicios de crecimiento, como por ejemplo nuevas raíces, hay que incrementar la cantidad de agua en el riego: cuanto más actividad metabólica, más necesidad de agua y nutrientes.

- Las varas florales de la *Phalaenopsis* se deben seguir guiando sin que pierdan su arco natural. No hay que transplantarlas. Se deben controlar las flores para evitar la incubación de la botritis. Las inflorescencias exudan un líquido denso y azucarado que atrae a los insectos, ante cualquier signo se debe utilizar el producto adecuado. Es una buena época para comprar *Phalaenopsis* y trasladarlas a su casa. Este mes requieren fertilización una vez por semana, siempre con la consigna de regar primero y luego fertilizar sobre el medio seco.

- En las *Dendrobium agregatum*, *D. anosmun*, los híbridos de *D. nobile* y de *Dendrobium* de hojas deciduas, hay que dedicarse a las yemas florales, su floración será más prolongada si recibe noches frías. Si aparecen los pimpollos, se debe ir incrementando el riego. A las *Dendrobium* del tipo siempre verdes (que no pierden las hojas) hay que seguir cuidándolas de las bajas temperaturas.

- En las *Cymbidium* hay que estacar las varas florales que emergen de entre las hojas, y mantenerlas a baja temperatura. Así las flores abren lentamente y no presentan problemas.

- En las *Odontoglossum* y las *Miltonia* hay que cuidar que el medio no se seque porque se perdería la floración.

Septiembre

Los días van siendo más largos y algo más cálidos, aunque pueden sorprendernos los cambios bruscos de temperatura. Llega el tiempo de mejor floración.

Recomendaciones específicas

- En las *Cattleya* hay que tener en cuenta que si bien pasó la floración de invierno, las Cattleya estándares están floreciendo o por florecer, y los híbridos entre floración de invierno y de primavera están en todo su esplendor. Se debe prestar atención a las vainas viejas y removerlas. Pero si se tornan amarillentas, no se deben remover pues se corre el riesgo de la putrefacción de las yemas. Hay que ayudar a emerger las flores dentro de la vaina que las cubre con un bisturí con mucho filo o similar, para que la humedad no las deteriore. El incremento de las horas de luz y de la temperatura hace que las plantas aumenten su metabolismo y requieran más agua. Si se observa que el medio se seca rápidamente, hay que aumentar la frecuencia del riego y de la fertilización. Para las *Cattleya* que florecieron en invierno, es la época ideal para cambiar las plantas de medio y/o maceta.

- Las *Cymbidium* están en un momento espectacular. Se deben ajustar las ataduras, y no dejar de revisar la presencia de pulgones, babosas y caracoles. Se les debe brindar una adecuada cantidad de agua para que las flores se expandan bien y adquieran lozanía. Si se observan crecimientos nuevos, hay que aumentar la fertilización con nitrógeno. Si la planta no floreció, se puede aumentar la cantidad de luz durante la próxima época de crecimiento, dado que la falta de luz es en general la principal razón por la que no florecen.

- Las *Dendrobium* comienzan a mostrarse espectaculares. El secreto de las especies de este grupo, como *Dendrobium speciosum*, es proveerlas de una importante cantidad de agua, fertilización y luz durante la época de crecimiento.

- Las *Miltonopsis* comienzan a florecer, hay que observar si necesitan estacas y remover el follaje amarillento.

- Como las *Paphiopelium* se pueden transplantar en cualquier época, es bueno hacerlo ahora, ya que el resto de las plantas requieren poco cuidado en este momento. También es buen momento para remover las hojas senescentes, revisar si no hay hierbas malas creciendo en la maceta, observar si no hay una inflorescencia asomando y ver si no tienen insectos.

- Para las *Pleurothalis* se puede decir que comenzó el show, de ahora en más van floreciendo cada una de las especies e híbridos; esto requiere incrementar el riego y la frecuencia de la fertilización. También se debe proteger la vara floral de babosas y caracoles, pues se sienten atraídos por el líquido azucarado que exudan las flores.

Lycaste skinneri.

Paphiopedilum sukhackullii.

Octubre

Muchas orquídeas se encuentran en flor, por lo tanto hay que considerar la posibilidad de fertilizarlas con mayor frecuencia. En muchos casos también hay que incrementar el riego

Recomendaciones específicas

- Las *Cattleya* de primavera están en su esplendor. *C. intermedia* y *C. mossiae* y sus híbridos florecen, hay que aumentar el riego a medida que las flores abren. Las *Cattleya* de invierno se deben terminar de transplantar y fertilizarlas con mayor porcentaje de nitrógeno para los nuevos crecimientos.

- Las *Paphiopedilum,* que florecen en esta época, "estiran" rápidamente su espiga con los días más largos y la mayor actividad metabólica.

- Las *Phalaenopsis* están en su esplendor. Hay que vigilar la presencia de insectos, babosas y caracoles, pero no fumigar sobre las flores. Aumentar el riego y la fertilización, dado que la planta está utilizando una gran cantidad de energía.

- Varias *Laelias* florecen en este mes, por ejemplo *L. flava* y *L. cinnabarina*. Las *Laelias rupícolas* necesitan un cambio de medio en esta época, por ser plantas que requieren mantener sus raíces a baja temperatura. Es conveniente usar contenedores que aseguren una buena refrigeración, como las macetas de barro.

Phalaenopsis Ever Spring Prince.

Noviembre

En este mes muchas orquídeas están terminando su floración, por lo que comienza el momento de cambiar el sustrato. En muchos casos, el incremento de la intensidad de la luz aumenta la necesidad de riego.

Recomendaciones específicas

- La Cattleya de primavera está finalizando su floración, mientras que comienzan a asomar las espigas de aquellas que florecen en verano. Debido al aumento de las horas de luz y de la temperatura, crecerán rápidamente. Es el momento ideal para cambio de medio y maceta si es necesario, ya que se adapta rápidamente al nuevo medio. La tolerancia al incremento de intensidad de la luz se desarrolla gradualmente, mientras tanto se las puede proteger en las horas pico. Otro problema con el aumento de las horas es la necesidad de riego, usar en este momento el criterio seco-mojado puede ser crítico, y deslucir totalmente la floración de las Cattleya de verano. Si se piensa dividir la Cattleya se debe proceder como se indicó en división de matas: realizar un corte con un elemento bien filoso y no separarla, sino esperar al mes siguiente.

- Para las Phalaenopsis que ya terminaron su floración, es el momento de cambiarlas de maceta. Para esto hay que acomodar la planta de manera que la nueva corona de hojas se expanda bien, quitar la inflorescencia vieja y recortar las raíces secas. Comenzar a fertilizar las plantas transplantadas cuando se observe crecimiento de raíces nuevas. Es importante programar un tratamiento preventivo para los hongos.

- Las Paphipedilum siguen floreciendo; es conveniente atar al grupo de las multiflorales por debajo del ovario de la primera flor, así las flores presentan un aspecto natural. Se debe aumentar el riego y la fertilización.

- A las Cymbidium no suele sentarles bien el transplante, pero si la maceta le queda muy chica, después de la floración se puede pasar a una maceta un poco más grande, llenando los huecos con medio nuevo. Es importante hacer el transplante con mucho cuidado para no dañar las raíces.

- Las orquídeas Vanda y Ascocenda presentan un gran crecimiento en esta época, y es posible que requieran un cambio a una canasta de mayor tamaño para que acomoden sus raíces. Se deben fertilizar una vez por semana con una fórmula de equilibrio 20 20 20.

Diciembre

Este mes es de mucho crecimiento, las plantas que crecen robustas tendrán una buena floración. Hay que tener muy en cuenta que las raíces estén bien alimentadas y con la cantidad de agua necesaria. Esto es porque la temperatura y las horas de luz se incrementan y la planta tiene más actividad metabólica.

Recomendaciones específicas

- Si se inició el plan para dividir a las Cattleya, hay que observar si se desarrollaron las nuevas yemas, separar la planta con cuidado y sin dañar las incipientes raíces. Es el momento de transplantar aquellas que no se transplantaron antes. También es momento de organizar un tratamiento preventivo contra los hongos.

- Es necesario terminar con los transplantes de Phalaenopsis, ya que se resienten mucho cuando se les agota el medio, por eso es conveniente renovarlo cada año. Se debe regar abundantemente, siempre de día, y para cuando llegue la noche debe haber escurrido bien el agua. La fertilización se realiza una vez por semana con una fórmula de equilibrio. En cuanto a la luz, en esta época las plantas de Phalaenopsis requieren 80% de sombra.

- La mayoría de las Dendrobium terminó de florecer, y se deben pasar a un medio fresco. Se pueden remover y plantar los keikis, si ya tienen el tamaño adecuado. Estas plantas presentan un vigoroso crecimiento en esta época, les hace bien estar en el exterior y recibir sol de la mañana.

- La Vanda y afines requieren mucha luz para su crecimiento, pero no sol directo. Varias de las orquídeas nativas de la Argentina están en flor.

Miltonia Honolulu.

Glosario

Abaxial: superficie ventral, inferior de la hoja. Opuesto: adaxial (dorsal).

Abortar: interrupción del desarrollo de un órgano vegetal.

Aciculada: hoja alargada y puntiaguda.

Adventicio: que nace fuera de su sitio.

Agar-agar: sustancia mucilaginosa obtenida de algas marinas.

Alterna: que se suceden una hoja a cada lado del tallo.

Androceo: conjunto de órganos masculinos de la flor (estambres).

Aovada: con forma de huevo.

Apical: referente al ápice.

Ápice: parte más alta de la planta.

Arrosetada: se aplica a las hojas que se disponen aproximadas entre sí, formando una roseta.

Articulado: que se dispone de tal forma que el órgano se mueve independientemente.

Aserrado: con dientes, como una sierra.

Autógama: flor que se poliniza con su propio polen.

Axila: fondo del ángulo superior que forma la hoja con el eje o tallo donde se inserta.

Barbada: con pelos a modo de barba.

Bilabiado: dividido en dos partes semejantes a los labios.

Bráctea: hoja modificada que protege la flor.

Cáliz: en la flor de las orquídeas, tejido grueso y carnoso del labelo.

Cápsula: fruto seco dehiscente al madurar.

Carpelo: hoja modificada del ovario.

Columna: llamada "ginostemo", estructura formada por la unión del androceo y el gineceo.

Coriáceo: consistencia parecida al cuero.

Corola: verticilo más interno de la flor, constituido por pétalos.

Cotiledón: hoja embrionaria presente en las plantas que producen semillas. Su número es constante (uno o dos) y se usa en las angiospermas (plantas con flor) para subdividirlas en monocotiledóneas y dicotiledóneas.

Deciduo: que se cae.

Dehiscencia: modo de abrirse un órgano cerrado.

Densiflora: flores densamente aglomeradas.

Dentado: bordes con dientes.

Dioico: flores unisexuadas en dos pies (plantas) separados.

Epifita: que vive sobre otras plantas sin ser parásito.

Escapo: tallo derivado del rizoma sin hojas y con flores en su ápice.

Espata: bráctea que envaina la inflorescencia.

Espiga: inflorescencia racimosa simple, con flores sésiles.

Espolón: prominencia aguda que poseen a veces los sépalos o pétalos de las flores.

Estambre: órgano sexual masculino que contiene el polen.

Estigma: órgano piloso en que termina el estilo, donde se pega el polen.

Estilo: filamento que nace en el ovario y termina en el estigma.

Estípite: tallo recto, largo.

Estolón: brote lateral que enraíza y forma individuos.

Fasciculado: en manojo.

Filiforme: en forma de hilo.

Fimbriado: dividido en laminillas finas.

Flexuoso: que forma ondas.

Foliácea: con aspecto de hoja.

Fusiforme: con aspecto de huso.

Gineceo: conjunto de los órganos femeninos de la flor.

Glabro: sin pelos.

Glauco: coloración verde clara con matices azulados.

Globoso: forma esférica.

Hábitat: lugar o sitio donde crece una planta.

Hermafrodita: con los dos sexos.

Hirsuto: con pelos duros y rígidos.

Imbricado: bordes superpuestos.

Labelo: pétalo modificado.

Lanceolado: afinado hacia los extremos con forma de lanza.

Laxo: poco denso.

Lineal: estructura angosta y larga con márgenes paralelos.

Litófito: planta que vive sobre las rocas.

Lobulado: dividido en lóbulos.

Lóbulo: porción redondeada resultante de la división poco profunda de una lámina.

Maculado: con manchas.

Membranáceo: parecido a la consistencia de una membrana.

Micorriza: interacción simbiótica entre un hongo y una planta vascular, a través de las células de las raíces de ésta.

Monoico: flores unisexuadas masculinas y femeninas en un mismo pie (planta).

Néctar: jugo secretado por estructuras especializadas de las plantas (nectarios) compuesto de agua y azúcares.

Nudo: parte del tallo, a veces ensanchado, donde se insertan las hojas en cuya axila están las yemas normales.

Oblongo: más largo que ancho y con márgenes redondeados.

Ovario: parte femenina de la flor.

Óvulo: célula sexual femenina.

Palmado: parecido a una mano abierta.

Palustre: planta que vive en pantanos.

Peciolado: provisto de pecíolo.

Pecíolo: porción estrecha de la hoja que une su lámina al tallo, en el nudo.

Pedicelo: parte del pedúnculo que sostiene la flor en una inflorescencia.

Pendiente: órgano que cuelga.

Perianto: conjunto de cáliz y corola.

Pétalos: órganos de la flor, de colores y formas variados, que forman la corola.

Polínea: masa de polen.

Pubescente: con pelos.

Racimoso: en forma de racimo.

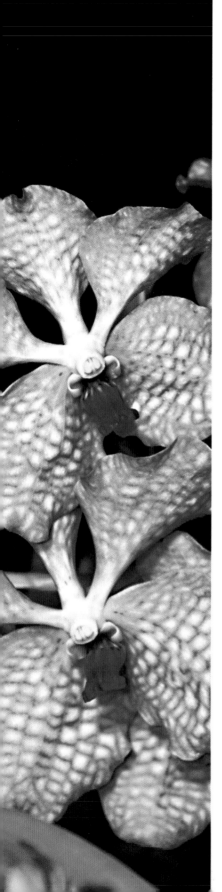

Recurvo: torcido hacia atrás o hacia abajo.

Resupinación: fenómeno que ocurre en la flor de las orquídeas dando una torsión de 180° del ovario pedicelado, invirtiendo el perianto y quedando el labelo en posición inferior.

Rizoma: tallo subterráneo.

Roseta: hojas dispuestas radialmente, que se apoyan en el suelo.

Rupícola: planta llamada también litófila, que crece sobre rocas.

Saprofito: que se alimenta de restos orgánicos en descomposición.

Sésil: que carece de pie o soporte.

Seudobulbo: tallo aéreo engrosado.

Terete: forma cilíndrica.

Tubérculo: porción caulinar engrosada subterránea.

Tuberoso: que tiene tubérculos.

Unguiculado: en forma de uña.

Vaina: base de la hoja que abraza la rama en la que se inserta.

Velamen: capa exterior de células que recubre las raíces de las orquídeas.

Velloso: con pelos alargados y finos.

Verrugoso: que posee prominencias con apariencia de verrugas.

Viscidio: porción pegajosa que sirve para adherir los polinarios al polinizador.

Voluble: planta trepadora enroscada a un soporte.

Zarcillo: órgano filamentoso que usa la planta para trepar.

Zigomórfico: con simetría bilateral.

Bibliografía

A.A.V.V, *Géneros de orquideas cubanas*, Félix Varela, publicación inédita, 2000.

American Orchid Society, *Manual del cultivo de orquídeas*, 1988.

Barbosa Rodríguez, J., *Iconographie des Orchidees do Brasil* (Vol. 1 y 2), Río de Janeiro, Samuel Sprunzes Basle Reinhard, 1996.

Cabrera A. L, *Manual de la flora de los alrededores de Buenos Aires*, Acme, 1978.

Correa, M. N., *Orquídeas. Enciclopedia Argentina de Agricultura y Jardinería* (Tomo I), Buenos Aires, Acme, 1987.

Chiron, G. y Braem, G., *Paphiopedilum*, Francia, Tropicalia, 2003.

Dressler, R. L., *Phylogeny and Classification of de Orchid Family*, Estados Unidos, Discorides Press Oregon, 1993.

Fanfani, A., *Guía de Orquídeas*, España, Grijalbo, 1990.

Freuler, M. J., *100 orquideas argentinas*, Buenos Aires, Albatros, 2003.

Freuler, M. J., *Cultivo de Orquídeas*, Buenos Aires, Publicación inédita, 1999.

Freuler, M. J., *Orquídeas autóctonas argentinas y uruguayas*, Sociedad Uruguaya de Orquídeas, Publicación inédita, 2001.

Hauman, L., *Quelques Orchidees de l' Argentine*, Buenos Aires, Anuario Museo Nacional de Historia Natural, 1917.

Hoehne, F.C., *Iconografía de Orchidacea do Brasil*, San Pablo, Industrias Graphicas Lanzara, 1949.

Johnson, A. E., *Las orquideas del Parque Nacional Iguazú*, Buenos Aires, LOLA, 2001.

Lecoufle, M., *Catalogue des Orchidees*, Francia, Boissy-Saint-Léger, 2004 y 2005.

Lecoufle, M., *Le Traite de Orchidees*, Francia, Artemis, 2004.

Lombardo, A., *Flora Montevidensis*, Montevideo, Publicación inédita, 2001.

Mac Donald, E., *100 Orchids for the American Gardener*, Nueva York, Workman Publishing, 1998.

Martija Ochoa, Magali, *El gran libro de las orquídeas*, Barcelona, De Vecchi, 2003.

Miller, O. y Warren, R., *Orquideas do Alto da Serra*, Lis Gráfica Editora, 1998.

Mújica, E. y Freuler, M. J., *Las orquídeas de la Argentina*, Buenos Aires, Publicación en Cd-rom, 2000.

Ossenbach, C., *Guía bibliográfica de las orquídeas de Costa Rica* (Tomo I) Costa Rica, Publicación en Cd-rom. *Primer y Segundo Congreso de orquideología*, Misiones, Publicación en Cd-rom, 2002 y 2004.

Taborda A., *Guías de orquídeas* (Módulos I, II y III), Buenos Aires, Publicación inédita, 2002-2004.

Watanabe, Morimoto y otros, *Orquídeas*, San Pablo, Sudameris, 2001.

Zdenek, Jezeck, *Enciclopedia de las orquídeas*, Madrid, Libsa, 2005.

Índice